KB150823

교사,
교육전문가로
성장하다

교사, 교육전문가로 성장하다

(행복한 아이를 만드는 학교교육 처방전, 자녀교육 레시피)

[행복한 교과서®] 시리즈 No. 35

지은이 | 하건예
발행인 | 홍종남

2018년 3월 20일 1판 1쇄 인쇄
2018년 3월 27일 1판 1쇄 발행

이 책을 만든 사람들
책임 기획 | 홍종남
북 디자인 | 김효정
교정 교열 | 주경숙
제목 | 구산책이름연구소
출판 마케팅 | 김경아

이 책을 함께 만든 사람들
종이 | 제이피씨 정동수 · 정충엽
제작 및 인쇄 | 천일문화사 유재상

펴낸곳 | 행복한미래
출판등록 | 2011년 4월 5일. 제 399-2011-000013호
주소 | 경기도 남양주시 도농로 34, 부영e그린타운 301동 301호(다산1동)
전화 | 02-337-8958   팩스 | 031-556-8951
홈페이지 | www.bookeditor.co.kr
도서 문의(출판사 e-mail) | ahasaram@hanmail.net
내용 문의(지은이 e-mail) | aromizi@hanmail.net
※ 이 책을 읽다가 궁금한 점이 있을 때는 지은이 e-mail을 이용해 주세요.

ⓒ 하건예, 2018
ISBN 979-11-86463-31-4
〈행복한미래〉 도서 번호 062

교사, 교육전문가로 성장하다

| 하건예 저 |

행복한미래

부모로서 교사로서 당신은 행복한가요?

대학교 2학년 때 미팅에서 만난 복학생 오빠와 7년 동안 열렬히 연애한 후 교사생활 3년 차에 결혼에 골인했다. 막연하던 핑크빛 기대와는 달리 임신과 동시에 내가 그리던 삶과는 전혀 다른 삶이 시작되었다. 결혼은 연애의 무덤이라더니 괜한 말이 아니었다. 다음 생에 다시 태어난다면 결혼 대신 연애만 실컷 해야겠다고 다짐한 적도 있다. 아무 준비도 없이 나는 부모가 되었고, 출산은 내 삶을 송두리째 바꾸어놓았다. 학교에 가면 내가 가르쳐야 할 아이들이 30명이나 있었고, 파김치가 되어 다시 집으로 돌아오면 내가 돌봐야 할 아이들이 둘이나 더 있었다.

그렇게 다람쥐 쳇바퀴 돌듯 학교와 집을 오가며 교사로 데뷔한 지 20년이다. 화들짝 깨어 정신을 차리고 보니 20년이 훅 흘렀다. 말콤 글래드웰의 1만 시간의 법칙에 의하면 하루 3시간씩 10년을 투자하면 누구나 전문가가 될 수 있다고 한다. 그의 이론대로라면 하루에 8시간 이상을 부모로서 16년을 살았고, 하루에 8시간 이상을 교사로서 20년을 열심히 살아온 나는 부모이자 교사로서 전문가가 되어 있어야 마땅하다. 그러나 여전히 나는 불안에 떨며 한 가지 역할도 제대로 하지 못한 채 우왕좌왕 갈피를 못 잡고 헤매고 있었다. 우리 집 아이들과는 매일 티격태격 다투고, 학교일은 물먹은 솜처럼 갈수록 버겁게 느껴졌다.

특히 공부를 엄청 싫어하는 둘째 아이를 억지로 앉혀서 공부시키는 일은 부모인 내게도 견디기 힘든 고문이었다. 학교에서 퇴근한 후 저녁을 만들어 먹고, 청소와 빨래를 하고, 아이 숙제와 공부를 봐주다 보면 속에서 열불이 났다. 아이는 '어떻게 하면 공부를 대강 빨리 해치우고 컴퓨터 게임을 할 수 있을까?' 하는 생각만으로 가득 차 있는 것 같았다.

이 험한 세상을 어떻게 살아가려고 그러는지 아이에 대한 한심함과 분노로 나는 아이에게 잔소리하며 짜증을 내게 되었고, 둘째 아이와의 관계는 점점 멀어졌다. 아이는 초등학교 4학년 때 가출을 감행하기도 했었다. 1시간 만에 집에 다시 돌아오긴 했지만 아이도 잔소리와 짜증쟁이 엄마가 견디기 힘들었을 것이다. 부모로서 자책감에 시달리고 삶이 행복하지 않았다.

그렇다고 학교에서는 행복했을까? '교단 업무 선진화'라는 명목으로 컴퓨터가 보급되면서 교사가 할 일은 몇 배로 늘어났다. 맞벌이 부부가 늘고 아이들의 안전과 돌봄, 방과후 교육까지 학교가 떠안게 되면서 교사들이 할 일은 기하급수적으로 증가했다. 교육청에서 쏟아내는 각종 공문들을 처리하느라 몸과 마음은 지쳐가기만 했다. 아이들 수업 준비는 고사하고 급한 공문이 오기라도 하면 수업 시간에 공문을 처리해야 하는 순간들도 있었다. 교사가 학교일에 이리 뛰고 저리 뛰고 정신이 없으면 아이들은 그 틈을 이용해 더 난리를 치고 사건과 사고를 일으켰다. 그렇게 교사로서도 행복하지 않았다. 온몸이 부서져라 일했지만 항상 힘들다는 생각뿐이었고 손 많이 가는 우리 집 아이들만이라도 쑥쑥 자라서 엄마 손이 필요 없어지는 그날이 오기만을 손꼽아 기다렸다.

내 삶은 브레이크 없는 자동차 같았다. 누가 여교사를 신붓감 1순위라고 했나? 남편과 시부모에게는 신붓감 1순위일지 모르지만 여교사 자신은 출산과 동시에 노예 같은 삶이 기다리고 있다. 교사 엄마에게 칼퇴근은 휴식과 재충전이 아니라 또 다른 직장인 '집'으로의 출근을 의미한다. 휴식 시간은 잠잘 때뿐이었다. 아이가 어렸을 때는 밤에도 우유를 먹이느라 잠도 제대로 잘 수 없었다. 교사와 엄마라는 '투 잡'에 치여 스스로를 돌보지 않고 살아서였을까? 6학년 아이들을 데리고 수련회에 갔는데 몸에서 이상 신호를 보내왔다. 등이 담에 걸린 것처럼 아프고 왼손 끝의 감각이 이상해졌다.

수련회를 다녀온 후 부랴부랴 병원에 가서 진단을 받아보니 목 디스크로 인한 '경추 척수증'이란 진단이 나왔다. 튀어나온 목 디스크가 말초신경이 아닌 중추신경을 누르고 있어서 수술밖에는 답이 없다고 했다. 계속 병이 진행되면 사지마비가 오고, 수술 시기가 늦으면 늦을수록 손상된 중추신경은 다시 되살릴 수 없다는 무시무시한 경고를 들었다.

그해는 6학년 담임을 맡고 있었기 때문에 아무리 급해도 아이들 졸업은 시켜야 했다. 졸업식 날까지 버티다 아이들과 서둘러 안녕을 고하고 당일 오후에 병원에 입원하여 디스크 한 마디를 제거하고 인공뼈를 삽입하는 큰 수술을 받았다. 인공뼈가 붙을 동안 목을 함부로 쓰면 안 되어서 목보호대를 24시간 착용하고, 한 달 가까이 학교를 떠나 있게 되었다. 그동안 쉬지 않고 열심히 달려왔는데 예상치 못하게 병까지 얻자 너무 억울해 눈물이 났다. 두 아이들을 어느 정도 키웠으니 이제 내가 하고 싶은 일들을 할 수 있으리라는 기대에 한껏 부풀어 있었다. 배우고 싶고 하고 싶은 일들도 많았는데 마음껏 날아오르려던 날개가 꺾인 것만 같았다. 왜 하필 나에게 이런 일이 생겼는지 이해할 수 없어서 괴로웠다.

언젠가 소설가 이외수 씨가 시련을 이겨내면 대박이 난다고 했던 말이 떠오른다. 내가 그랬다. 병으로 인해 나는 더욱 내면이 강해졌고, 몸이 아파 힘든 사람들을 이해할 수 있게 되었으며, 살아있는 오늘이 얼마나 아름다운지 깨달을 수 있었다. 그리고 세상에서 중요한 순간이 언제인지 중요한 사람들이 누구인지 나에게 중요한 일이 무엇인지가 분명해졌다. 수술하지 않고 병이 진행되면 사지마비가 올 수도 있다는 의사 선생님의 말씀에 우리 아이들에게 공부하라고 닦달하고, 바쁘다는 이유로 학교 아이들 가르치는 일에 게으르던 내 모습이 후회되었다. 그동안 엄마와 교사로서의 역할이 버겁기만 했는데, 이제 엄마와 교사 역할을 할 수 있다는 자체가 너무나 소중하게 느껴진다. 병 때문에 내 인생의 자동차를 잠시 멈추고 내 자신을 돌아볼 기회를 갖게 된 것은 크나큰 수확이었다.

수술 후 삽입한 뼈가 굳기를 기다리며 1년 동안 담임을 맡지 않고 음악 교과 전담 교사로 조심조심 생활하는 동안 동네 도서관에서 《학교에 배움이 있습니까?》라는 책을 만나게 되었다. 이 책은 내 마음속 잔잔한 호수에 돌멩이 하나를 퐁당 빠뜨렸다. 저자인 20대 후반의 정현지 씨는 서울 과학고등학교를 졸업한 수재였지만 대학입시에 실패하고 사회에 나가 다방면으로 아르바이트 경험을 쌓았다. 그 뒤 서울대학교 경영대학원에서 공부하며 '미래 설계자'라는 직업을 가지고 학교 바깥세상의 지식과 경험을 젊은 세대에게 나눠주는 청춘 멘토이자 강연가로서의 삶을 살고 있다.

이 젊은 저자의 깜찍한 물음이 신선하게 다가왔다. 학교에서 근무하는 사람 중 한 명으로서 나는 당연히 학교에 배움이 있다고 여겨왔기 때문이다. 하지만 저자는 학교가 생활에 필요한 공부보다 입시교육에 매몰되어 있다고 지적했다. 명문대학의 졸업장을 따서 그 이력을 가지고 좋은 직장 잡으려고 열심히 공부하는 게 아닌가? 다들 그렇게 하고 있지 않나? 나 또한 아이들에게 무엇보다 공부를 열심히 하라고 독려하고 있던 참이었다. 아이들이 공부하기 힘들어하는 것은 어쩔 수 없다고 생각했다. 공부는 원래 힘든 것이니까 의지로 버텨내야 한다고, 그렇게 하면 어느 정도 직업은 보장된다고 여겼다.

그러나 세상은 이미 내가 알던 세상이 아니었나 보다. 학교라는 울타리에 갇혀 있던 나는 바깥세상이 변하고 있는 것에 민감하지 못했다. 20대 청년들의 실업률이 엄청나고, 명문대 간판도 더 이상 취업을 보장해주지 않는다는 말에 아차 싶어서 내 교육방법을 돌아보게 되었다. 내가 관심이 없으면 보아도 보이지 않고 들어도 들리지 않는다. 부모와 교사들은 오로지 아이들이 명문대 입학을 위해 달려가도록 돕고 있는데, 이 길이 아니라고?

2016년 3월에는 알파고와 이세돌 9단의 바둑 대결이 열렸다. 인간과 인공지능의 대결은 인공지능의 승리로 끝났다. 영화 속에서 아주 멀게만 느껴지던 인공지능이 바로 눈앞에서 펼쳐지고 있었다. 하루가 다르게 세상이 변해 한 달만 지나도 최신 가전제품이 구형이 되고, 모든 지식을 클릭 몇 번으로 해결할 수 있는 세상이다. 자율주행차가 상용화를 앞두고 있고, 사물인터넷이 등장하며, 로봇이 인간의 일자리를 대체할 거라는 제4차 산업혁명이라는 말도 여기저기서 들린다. 세상은 정말 빠른 속도로 변하고 있었다.

"세상이 변하고 있다고, 천지가 개벽하고 있다고 여기저기서 난리인데 교육의 메카인 우리나라 학교교육은 어떤가? 또 부모들의 자녀교육은 어떤가? 명문대 진학을 위해 달달 외우는 입시교육에 매몰되어 있지 않은가? 아이도 부모도 교사도 행복하지 않으면서 쓸모없는 지식 외우기에 너무 많은 시간을 보내고 있지 않은가? 옛날처럼 부모들의 소원인 명문대 진학이 아이들의 취업을 보장해주나? 그렇지 않다면 우리는 우리 아이들을 어떻게 교육해야 하나?" 이런 물음에 대한 답을 찾아가기 시작했다. 그렇게 찾은 답을 하나하나 실행에 옮겼다.

그러자 놀라운 일이 벌어졌다. 고민에 대한 해답을 찾아가는 과정에서 내 스스로가 변하기 시작한 것이다. 공부만을 강요하고 통제하는 부모였던 내가 입시 공부에 대한 욕심을 내려놓으니 내 아이와의 관계가 점차 좋아졌다. 엄마가 지시하고 통제하던 것을 멈추니 오히려 아이가 스스로 계획을 세워 공부하기 시작했다. 생각을 조금 바꾸었을 뿐인데 학교 아이들을 가르치는 것도 즐거워졌다. 아이들과의 소통이 즐겁고, 수업을 재미있어하는 아이들의 반짝이는 눈망울들이 나를 행복하게 했다. 학교 가는 일이 기대되고 즐거워졌다.

"나에게 무슨 일이 벌어진 걸까?" 이 책은 그것에 대한 답변이라고 생각한다. 그동안 내 교육경험에 대한 반성 위에 미래교육에 대한 고민과 생각, 그에 대한 답을 찾아 실천한 것들을 적어나갔다. 또 있다. 그동안 내가 아이들에게 공부만을 강요하고 사교육이라는 바람이 불 때마다 이리저리 휩쓸리며 괴롭고 불행했던 것은 나만의 뚜렷한 교육철학과 소신이 없었기 때문이다. 내가 흔들렸듯이 아직 교육철학과 소신이 없어 힘든 부모와 교사들에게 내가 알게 된 것을 전하고 싶었다.

아이와의 관계가 힘든 부모, 아이가 공부에 흥미가 없어서 속상한 부모, 아이들과의 관계가 힘든 교사, 집중하지 않는 아이들 때문에 수업 시간이 고역인 교사가 있다면 내 경험이 작은 도움이 될 것이다. 후배 교사에게 교육에 대한 조그만 힌트나 풀리지 않는 매듭의 실마리가 되어도 좋다. 사회가 변하면 부모도 교사도 변해야 함을 절감한다. 버스가 지나간 다음 손 흔들어봐야 소용없고, 소 잃고 외양간 고쳐봐야 의미가 없다. 버스가 오기 전에, 소를 잃기 전에 미래 사회의 변화를 직시하는 안목이 필요하다. 부모부터 교사부터 시작해야 한다고 생각한다.

하건예

차례

2부.
교사, 자녀교육과 학교교육을 말하다

3부.
당신은 최고의 교육전문가입니다

1부

4차 산업혁명시대,
미래교육을 생각하다

교사,
교육전문가로
성장하다

01.
세상은 변하고 있다! 교육도 변하고 있다?

　나는 팔 남매 중 여섯째다. 요즘 사람들은 이 말을 들으면 깜짝 놀란다. 하지만 우리 엄마가 자식을 여덟씩이나 낳을 수밖에 없었던 이유가 있다. 당시는 대부분 농사를 지었는데, 힘을 많이 써야 하는 농사일에 남자가 필요했기 때문이다. 부모님은 충남 금산에서 인삼 농사를 지었다. 우리 엄마는 딸, 딸, 딸, 딸, 딸, 딸, 그리고 아들, 아들을 낳았다. 여섯 번이나 딸을 낳고 난 뒤 엄마의 마음은 어땠을까? 생각만 해도 마음이 아려온다. 농경 사회에서는 힘이 센 아들이 필요했기 때문에 자연스럽게 아들 중시 풍조가 생겼다. 다음에 태어날 아이는 꼭 아들이길 바라는 마음을 담아 딸들의 이름을 '귀남이, 후남이'로 짓는 게 흔했다. 중학교 친구 중에는 딸을 그만 낳았으면 하는 뜻을 가진 '고만'이라는 이름도 있었다.

내가 자라서 중학교에 들어갈 때쯤 대도시에는 공장이 생겨나기 시작했다. 농촌의 젊은이들이 돈을 벌기 위해서 대도시로 떠났다. 농사짓는 것보다 대도시에서 일하고 월급을 받는 것이 훨씬 이득이었기 때문이다. 친구들 중에는 중학교까지만 학교를 다니고 대도시로 가 공장에 취직한 아이들도 있었다. 대기업이 생겨나면서 자식이 대학에 입학하고 기업에 취직하는 것을 출세로 여겼다. 소 팔고 땅 팔아서 대학 공부를 시켰다. 남편도 지방에서 고등학교를 다녔는데 동네에서 회사원을 최고로 여겨서 자신이 회사원이 되었다고 자조 섞인 이야기를 하곤 한다. 당시에 나는 잘 몰랐지만 세상은 농경 사회에서 산업화 사회로 변해가고 있었던 모양이다.

6.25 이후 우리나라가 짧은 기간 동안 압축성장할 수 있었던 것은 사실 산업화 사회의 획일적이고 표준화된 교육 덕분이다. 요즘은 교사가 사회의 변화를 빨리 수용하지 못하고 주입식 교육을 하고 있다고 비난받는데, 그 당시에는 공로자였다. 표준화된 교육은 전체 인구의 5퍼센트 미만이었던 고등교육 수혜자의 수를 단기간에 산업화를 이루는 데 필요한 30퍼센트 이상으로 만들었다. 공장에서 물건을 찍어내듯 학교에서는 똑같은 인간을 찍어내 산업화 일꾼을 충당했다. 나는 90년대에 대학을 다녔는데 그 당시 대학진학률은 30퍼센트 정도였다. 나는 산업 사회의 일꾼이었던 것이다.

산업화 사회에서는 성실하고 체제에 순응하는 순종적인 사람이 일자리를 잡기에 유리했다. 학교에서는 '모두 똑같이 생각하라'고 외치며 한 가지 정답 찾기 교육을 시켰다. 내가 고등학교 다닐 때는 수학 문제를 풀다가 이해되지 않는 것이 나오면 풀이 방법을 통째로 외웠다. 학교 체제에 순응하지 못하고 반항하면 고등교육을 받을 수 없었다. 실제로 내 동창 중 한 아이는 중학교 때부터 오토바이를 타고, 맥주로 머리를 감아 노랗게 염색한 채 반항의 아이콘인 제임스 딘처럼 청춘을 불태웠는데 대학교에 진학하지 못했다.

내가 대학을 졸업하고 교사라는 직업을 갖고 결혼한 후 세상은 다시 한 번 변화를 맞는다. 빌 게이츠가 컴퓨터를 개발하고, 스티브 잡스가 2008년에 아이폰을 출시하면서 세상은 급격히 변하기 시작하였다. 학교에 컴퓨터와 대형 TV, 인터넷이 들어오기 시작했다. 컴퓨터의 대중화로 교사들은 늘어난 업무량에 비명을 질렀다. 일은 해야 하는데 자주 컴퓨터가 망가져서 전산 담당 부장교사는 이 교실 저 교실을 돌아다니며 컴퓨터를 고치느라 제대로 수업할 수도 없었다. 지금은 학교에 전산 담당 실무사가 따로 있지만 말이다. 컴퓨터의 도입은 여유 있던 교직 사회를 송두리째 바꾸어놓았다.

또한 스마트폰의 출현은 삶에 엄청난 변화를 가져왔다. 스마트폰은 항상 몸에 지니고 다닐 수 있었으며, 덕분에 궁금한 지식은 클릭 몇 번으로 해결되었다. 그러나 밝음이 있으면 어둠도 있듯이 스마트폰 출현의 부작용도 만만치 않았다. 사람들은 함께 있어도 각자의 스마트폰을 들여다보는 것이 일상화되었고, 교사들은 아이들이 학교에 오면 스마트폰을 걷어 보관하다 분실하는 사고도 발생했다. 단체 카톡방에서 일어나는 사이버 폭력으로 학교는 골머리를 앓게 되었으며, 남자아이들은 스마트폰 게임 속에 빠져 헤어날 줄 모르고 있다.

게다가 이제는 힘만 센 남자들이 필요하지도 않다. 디지털 시대에는 꽃미남처럼 잘 생기고 다정하며 요리를 잘하는 남자가 각광받는 중이다. 그래서 요즘 남자들은 점점 남성성을 잃어가고 여성성을 요구받고 있는가 보다. 시대가 이러니 아들 둘을 낳은 나는 남들이 보기에 불쌍한 엄마다. 농경 사회였으면 목에 힘 좀 주고 다녔을 텐데. 아이들 어릴 때 유모차를 밀고 가면 동네 할머니들이 한마디씩 했다.

"아이고, 아들만 둘이네. 어쩌누, 엄마에게는 딸이 필요한데. 새댁, 아직 안 늦었으니 딸을 하나 낳지 그래?"

"아이고, 아들 둘 키우기도 너무 힘들어요. 셋째를 낳는다고 해도 딸이라는 보장도 없고요."

이처럼 지식기반 사회로의 급격한 사회 변화로 아들 선호 사회에서 딸 선호 사회로, 지식과 정보가 가치의 중심이 되는 사회로 변했다. 지금은 컴퓨터 및 다양한 정보통신기술의 발전으로 지식의 가치가 정치, 경제, 사회 전반에 걸쳐 영향력이 커진 시대에 살고 있다.

지식기반 사회에서는 궁금한 것들을 인터넷 검색으로 간단히 해결한다. 모든 지식과 정보를 누구나 얻을 수 있다. 얼마 전에 아들이 바이러스 감염으로 병원에 입원한 적이 있었는데, 의사 선생님은 병명만 알려주고 인터넷 검색을 해보라고 하셨다. 요즘 젊은 엄마들은 대부분 그렇게 한다고 하시면서. 의사라는 직업은 전문직이라고 생각했는데 의사가 아는 지식과 정보가 모두 인터넷에 공유되어 있다는 말이다. 정말 놀라운 세상이다. 내가 마음만 먹으면 지식과 정보에 접근할 수 있고, 새로운 지식과 정보를 생산해낼 수도 있는 신세계다.

그러나 지금, 우리 교육은 어떨까? 클릭 몇 번이면 찾을 수 있는 정보를 아이들 머리에 구겨 넣으려고 애쓰는 건 아닌가? 얼마 전까지의 내 모습을 살펴보면 수업 시간에 열심히 설명하고, 아이들에게 문제집 풀기를 강요하며, 4지 선다형과 단답형으로 구성된 단원평가로 아이들의 실력을 평가했다. '수행평가'라는 양념을 조금 가미했을 뿐 30년 전에 내가 받은 교육과 별반 다를 게 없다. 세상은 그동안 농경 사회에서, 산업화 사회로, 다시 지식기반 사회로 강산이 세 번이나 바뀌었는데 말이다. 교육과정이 몇 번이나 변하는 동안에도 수업은 변하지 않았다. 교과서 내용만 바뀌었을 뿐이다. 공부를 중시하는 풍토도 변하지 않았다.

'적자생존'이라는 말이 있다. 환경에 적응하는 종이 살아남는다는 말이다. 우리 아이들이 변화하는 사회에서 살아남게 하려면 교육도 변해야 함을 절실히 느낀다. 특히 교사이면서 두 아이의 부모이기에 그 문제가 내게는 더 절실히 다가왔다. '그럼 교육이 어떻게 변해야 할까?' 이에 대한 답을 찾기 위해 강의를 듣고, 신문과 책을 찾아 읽고, 새롭게 배운 내용을 직접 실천해보았다. 고백했듯이 나는 우리 집 두 아이를 키우고, 우리 반 아이들을 가르치는 일이 너무 힘들고 괴롭기만 했었다. 그러나 내가 변하자 아이들이 변하고 내 마음도 편안해졌다. 나와 같은 부모, 교사들과 함께 그 과정을 통해 느끼고 깨달은 것을 공유하고자 한다.

02.
20년 후 사라질 직업에 올인해야 할까요?

세상은 지금 지식기반 사회를 넘어 사물인터넷(IOT), 빅데이터, 3D 프린터, 인공지능(AI), 로봇, 공유경제, 자율주행 자동차 같은 말들로 떠들썩하다. 이것들은 앞으로 다가올 4차 산업혁명의 키워드라고 한다. 앞으로는 교수, 기자, 의사 같은 전문직종이 필요 없는 시대가 올 수도 있다. 4차 산업혁명으로 대부분의 일자리는 기계나 로봇으로 대체되고 결국 지적재산권을 가진 세계 최고들만 살아남게 된다는 것이다.

인공지능을 기반으로 한 무인화 로봇 시대는 이미 열렸다. 머리도 기계가 자동으로 깎아주며, 음식도 자판기가 만들어서 판매한다. 미국의 거대한 쇼핑몰인 아마존은 이미 무인 마트를 실험하고 있다. 이런 대변혁 속에서 새로운 세상을 준비하지 못하는 개인은 결국 도태되고 말 것이다. 우리는 엄청난 변혁의 기로에 서 있다. 우리 아이들이 초등학교를 졸업하고 대략 10~15년 후쯤이면 직업을 갖게 된다. 대부분의 부모들은 우리 아이가 공부를 잘해서 의대나 법대에 갈 수 있기를, 또는 전문직을 갖기를 원한다. 하지만 충격적이게도 4차 산업혁명으로 인해 아이들이 대학을 졸업하고 사회에 나왔을 때는 꿈꾸던 대부분의 직업이 사라졌을 것이다.

2015년에 KBS에서 방영한 〈명견만리〉라는 프로그램에서 20년 후에는 현재 직업의 45%가 사라질 거라는 내용을 보았다. 20년 후 사라질 직업으로는 의사, 판사, 변호사, 약사, 요리사, 교사, 인명구조원, 카페직원, 미용사, 택시운전사, 회계사, 전기기계 조립자, 부동산 중개인, 치위생사, 식당 주인, 농식품 과학자, 세무사, 신용분석가, 배우, 운송업자, 관광가이드, 스포츠 심판, 은행원, 의료기술사, 동물 사육사, 도서관 사서, 호텔리어, 임상실험가, 이발사, 항공 공학자, 지질학자, 방송 엔지니어, 전기공학자, 아나운서, 제빵사, 보험업자, 건설노동자, 봉재사, 원자력기술자, 제약기술자 등이 있었다.

아나운서가 사라질 확률은 72%, 회계사가 사라질 확률은 94%다. 요리사는 어떨까? 요즘 백종원 씨를 비롯해 요리하는 남자가 인기가 많다. 텔레비전을 보면 먹방 프로그램이 넘쳐나는데 요리사가 사라질 확률은 96%나 된다고 한다. 한 예로 일본에는 요리사가 한 명도 없는 초밥가게가 있다. 현재 일본에 전국적으로 350개의 매장이 생겼고 가격은 모든 초밥이 한 접시에 우리나라 돈으로 단돈 천 원이 안 된다. '장인 정신을 높게 평가하는 일본에서도 이런 일들이 벌어지고 있는데, 과연 초밥만 그럴까?'라는 생각이 들었다. 유명 요리사의 모든 동작을 입력하여 조리부터 청소, 설거지까지 깔끔하게 처리하는 요리로봇 몰리는 이제 데커레이션까지 가능한데, 영국에서 정식 출시를 앞두고 있다는 소식이다. 이 밖에도 소개하지 못한 로봇이 너무 많다. 예를 들면 의학로봇인 왓슨, 기자로봇 알고리즘, 작곡로봇 쿨리타, 화가로봇 아론 등 우리 인간의 직업을 대체할 로봇들이 만들어지고 있다. 의학로봇인 왓슨은 이미 국내 병원에 도입되었는데, 수많은 데이터를 축적한 왓슨이 인간 의사보다 더 많은 신뢰를 받고 있다. 또한 각국에서는 자율주행차 상용화를 앞두고 있고, 이에 따라 택시기사와 자동차에 대한 소유 개념도 사라질 것이라는 이야기도 나오고 있다.

로봇의 탄생은 우리 인류에게 도움을 주지만 그 부작용도 만만찮다. 가장 큰 부작용은 인간의 일자리를 빼앗는 것이다. 인간은 일자리를 통해 생계를 유지하고 자아실현을 하는데 일자리들이 줄어들고 있다는 사실이 우리 아이들의 미래를 두렵게 만든다. 이런 상황에서 아이들에게 20년 후 사라질 직업을 꿈꾸라고 하는 게 참으로 허망하다.

통계청에 따르면 1970년 61.9세였던 우리나라 사람들의 기대 수명은 2014년에는 82.4세로, 44년 만에 20세 이상 증가했다. 전 세계 많은 연구들이 이를 뒷받침하듯 100세 시대에 대한 구체적 전망을 내놓고 있다. 시사지 《타임》은 2015년 초에 표지사진으로 아기의 얼굴을 내보냈다. 2015년에 태어난 아기들은 앞으로 142세까지 살 수 있을 것이라는 표제어가 달려 있었다. 인간의 수명을 1.77배가량 늘리는 특정 약물이 개발되고 있다는 소식과 함께 현재 평균수명을 80세라 가정하면 이 아기가 약물을 복용할 경우 142세까지 사는 것이 가능하다는 내용이었다.

현재 초등학교에 다니고 있는 우리 아이들은 100세 시대를 살 텐데 초반부터 너무 입시 공부로 진을 빼고 있지는 않은가? 아이들은 영재고, 특목고 진학을 위해서 빠르면 초등학교 5학년 때부터 선행학습을 시작한다. 미리 해두면 고등학교에 들어가서 좀 더 여유 있게 명문대를 준비할 수 있다는 사교육 시장의 감언이설 때문에 너도나도 입시 공부를 차고 넘치게 한다. 그 공부가 정말 제대로 된 진짜 공부라면 참 좋을 텐데, 아무 생각 없이 달달 외워 머릿속에 마구마구 구겨 넣는 공부라는 게 문제다. 이해 없이 외운 공부는 시험을 보고 나면 에빙하우스의 망각곡선을 예로 들지 않아도 휘발되어 날아가버리는 것을 우리는 경험을 통해 알고 있다. 그러면 아이들은 처음부터 또다시 시작하여 시시포스(Sisyphos)의 바위 들어 올리기처럼 끝없이 반복되는 공부를 한다. 초반에 너무 많이 진을 뺀 아이들은 대학교에 입학한 후에는 영원히 공부와 담을 쌓게 되기도 한다. 영화관에서 누군가 한 명이 서서 보기 시작했는데, 그 한 명 때문에 너도나도 모두 영화를 서서 봐야 하는 장면이 사교육에 비유된다.

　　문제는 지금 성장 중인 아이들은 100세 시대를 맞이하여 직장도 몇 번씩 옮겨 다니고 직업도 6~7번쯤 바꿀 시대를 살 것이라는 점이다. 공부는 지긋지긋하다는 선입견을 갖게 만들면서까지 아이들의 첫 번째 직업에 너무 많은 에너지를 쏟고 있다. 배움이 즐겁다는 것을 느껴보지도 못한 채 공부를 일찌감치 졸업하게 된다. 고등학교 3년 동안의 공부만으로도 질려, 대학에 입학하기만 하면 다시는 책을 보지 않겠다고 다짐하고 10년 동안 공부와 담을 쌓고 살던 나처럼 말이다.

세상이 이렇게 급변하는데 우리 아이들에게 사라질 직업인 의사, 변호사, 교수 같은 전문직을 꿈꾸고, 쓸데없는 생각은 하지 말고 공부에 올인하라고 하는 것은 위험하다. 설사 그 직업이 20년 후까지 살아있다 해도 과거와 지금처럼 호사를 누리는 직업은 아닐 수 있다. 지금도 동네에서 폐업하는 의사가 늘고 있고, 로스쿨에서는 변호사들이 쏟아져 나오고 있으며, 저출산의 여파로 문을 닫는 대학들이 속출하고 있는 중이다. 부모 세대가 꿈꾸던 직업을 아이들에게 대물림해서는 안 된다.

03.
명문대가 취업을 보장하지는 않는다

얼마 전 한 신문에 노량진 학원가에 길게 줄을 선 채 추운 새벽에 길 바닥에서 공부하고 있는 학생들의 사진이 올라왔다. 공무원 시험을 준 비하는 공시생들인데 좋은 자리를 맡기 위한 줄이라는 설명이 달려 있 었다. 한 번 줄을 서면 일주일 동안은 그 자리에 앉을 수 있다는데 너무 안쓰러웠다. 우리나라 취업준비생들의 자화상이다. 주변에 있는 50대 선생님들의 자녀 중에도 이런 젊은이들이 많다. 경제적 자립을 하지 못 한 자녀들 때문에 50대 선생님들이 명퇴를 쉽게 결정하지 못하는 모습 도 자주 본다. 그렇다면 명문대생들은 취업문제에서 자유로울까? 얼마 전 6학년 담임을 맡았을 때 후배교사와 나눈 대화다.

"선생님, ㅇㅇ이 아시죠? 저희 반에서 가장 똘똘했던 여학생이요."

"음, 알지. 작년에 대학 들어가지 않았어?"

"맞아요. ○○이가 글쎄 작년에 서울대 ○○학부에 들어갔는데요. 진로 때문에 답답하다고 전화했더라고요."

"왜? 서울대에 합격했는데 뭐가 문제래?"

"글쎄, ○○이가 대학을 2년 다니고 선배들을 살펴보니 미래가 안 보인대요. 선배들도 모두 취업 때문에 불안해하고 취업 준비에 찌들어 있대요. 그래서 취업이 보장되는 ○○교대로 다시 시험을 봐야 할지 고민하고 있더라고요."

몇 년 전까지만 해도 서울대에 입학하면 인근 고등학교나 학원가에 커다란 현수막이 걸렸는데, 이제는 명문대도 별수 없는 사회가 되었나 보다. 누군가의 말에 의하면 명문대에 합격하면 딱 한 달 동안만 행복하단다. 입학 후에는 다시 끝없는 경쟁이 시작되는 것이다. 결국 그 아이는 서울대를 자퇴하고 교대에 다시 입학했다. 그러나 어쩌나? 학령인구의 감소로 이제는 교대도 전망이 밝지만은 않다. 한 치 앞도 내다보기 힘든 초불확실성의 시대임을 실감한다.

아무 생각 없이 어릴 때부터 죽어라고 공부해서 특목고, 명문대 로드맵을 따라가 명문대 졸업장을 들고 사회에 나왔을 때 이정표도 없는 허허벌판에 외롭게 서 있게 될 수도 있음을 명심해야 한다. 사실 대학을 졸업하고 나서부터가 문제인데 아이는 명문대에 입학하느라 모든 에너지를 소진하고 청춘을 저당 잡혀 사회에 배신감을 갖게 될지도 모른다.

같은 초등학교에 근무했던 후배교사가 있다. 서울 토박이로 명문 특목고를 나오고 교대에 진학한 경우였다. 나는 지방에서 고등학교를 다녀서 특목고가 뭔지도 모를 때 대학을 졸업했지만 요즘 후배들 가운데는 특목고 출신들이 꽤 있다. 농담처럼 특목고 나와서 왜 스카이가 아니라 교대에 갔냐고 물었더니 자기는 너무 일찍부터 공부로 진을 빼서 그런지 더 이상 공부할 여력이 남아 있지 않았다고 했다. 후배교사의 말에서 깨닫는 바가 있었다. 아이들의 삶은 42.195km를 뛰어야 하는 마라톤인데 부모들은 100m 경주를 하는 것처럼 재미없는 입시 공부에 몰아세운다. 대학 진학에 열을 올리는 것은 아이들의 삶에서 고작 100m에 불과하다. 아이들은 100세까지 마라톤을 뛰어야 하는데 20세까지 빠른 속도로 전력 질주를 시키면 그다음 인생을 살아갈 힘을 다 소진하고 기진맥진한 상태로 나가떨어질지도 모른다. 요즘엔 '번 아웃 증후군'이라는 소진 상태를 지칭하는 병도 생기지 않았나?

그렇게 죽도록 달려서 명문대에 입학했다고 치자. 취업문은 어떻게 뚫을 것인가? 요즘은 명문대 간판의 의미가 예전과 다르다. 명문대 졸업장이 취업을 보장해주던 시대는 이미 부모 세대에서 끝났다. 명문대 졸업생들도 취업 걱정에 불안해한다. 최소한 대학 너머의 직업, 대학 너머의 삶을 바라보고 아이들을 교육해야 하지 않을까? 대학 너머의 삶까지 바라보는 부모라면 입시 공부에 올인하며 입시 공부 기계를 만들려고 할까? 이제 교육의 목적이 대학은 아니지 않은가? 좋은 대학을 나오고도 일자리를 찾지 못하고 놀고먹는 백수 청년들을 바라보는 부모의 속은 또 얼마나 탈까? 열심히 공부해서 명문대에 입학해도 취업이 보장되지 않는 사회가 된 것은 한국 경제가 저성장의 늪에 빠졌기 때문이다. 《불황 터널》의 저자 박상준 와세다대학교 교수는 우리나라 경제지표를 비교 분석한 결과 '1990년대 일본식 장기 불황'으로 들어가고 있다고 말했다. 저성장의 늪에 빠진 한국 기업들의 일자리는 그리 많지 않다. 명문대생이라고 안전할 수 없다.

또한 요즘 기업들은 사회 변화와 맞물려 창의성이 뛰어나면서도 협업할 수 있는 인재를 원한다. 스펙을 보지 않고 뽑는 블라인드 채용이 시행 중이며, 신입사원 채용 때 학력을 보지 않는 학력 파괴현상도 진행되고 있다. 분위기가 이러니 아무 꿈도 없이 명문대 간판만을 위해 달려왔고, 가진 것도 그것이 전부인 사람이라면 취업문을 뚫기 어렵다. 명문대생들이 역차별이라고 주장하기도 했던 일이다. 기업들은 왜 그런 방법을 선택했을까? 창의성이 중요한 기업 입장에서는 현재의 명문대생들이 우리 사회가 필요로 하는 인재상과 거리가 있기 때문일 것이다.

그럼 명문대생들은 다양한 실력과 재능을 갖추고 다른 사람과 협업할 수 있도록 길러지는가? 명문대를 나오면 못 하는 것이 3가지가 있단다. 말하기와 글쓰기, 협력하기다. 치열한 내신경쟁을 뚫기 위해 죽어라고 자리에 앉아서 외워야 하는 입시 공부는 말하기와 글쓰기를 방해하며, 자신의 점수를 위해 친구에게 노트도 안 빌려주는 개인주의적인 성격은 남과 공감하고 협력하며 일하는 데 적당하지 않다. 이런 비난을 의식했는지 서울대는 2017학년도 자연과학대학 신입생 200여 명을 대상으로 글쓰기 능력평가를 시범 실시하고, 2018학년도 이후에는 평가 대상을 신입생 전원으로 확대하는 방안을 추진하고 있다고 2017년 2월 7일에 밝혔다.

부모들이 그렇게 열망하는 명문대 간판의 의미가 사라지고 있지만 부모들의 불안 심리를 이용한 사교육 설명회장에 가보면 특목고, 명문대 입시를 뚫기 위한 전략에 대한 내용뿐이다. 사교육은 절대 명문대 너머의 이야기를 꺼내지 않는다. 고백하자면 나 역시 얼마 전까지 명문대를 열망하는 부모였다. 우리 아이가 사교육 입시 로드맵에 따라 특목고에 가서 명문대에 진학했으면 좋겠다고 생각했었다. 아이를 교육하면서 관심 있게 읽은 책들도 입시 공부에 맞추어져 있었다.

하지만 지금은 생각이 많이 달라졌다. 수십, 수백만 원의 사교육을 받고 암기 위주의 입시 공부에 매몰되어 정답만을 강요받고 아무 생각 없이 명문대 간판 따기에 올인하기보다는, 사회에서 원하는 바른 품성을 갖추고 생각할 줄 아는 진짜 실력이 있는 아이로 길러야겠다는 마음이다. 우리뿐만이 아니다. 세계 곳곳에서도 명문대 학위를 몇 개씩 갖고도 취업이 안 되어 쩔쩔매는 젊은이들이 생기고 있다. 명문대씩이나 나와서 경제적 독립을 하지 못하고 빈둥빈둥 놀고 있으면 무슨 의미가 있나?

100세 시대인 요즘, 교육의 목표가 대학이 되어서는 안 된다. 대학 졸업장은 점점 의미가 없어지고 있다. 지금은 70% 이상의 아이들이 대학에 진학한다. 너도나도 다 갖고 있는 졸업장일 뿐이다. 지식의 공유화가 진행되면서 명문대 졸업장도 마찬가지 신세가 될 것이다.

04.
교사는 대입제도의 변화까지 읽어야 한다

나는 93학번으로 학력고사 마지막 세대다. 1993년부터 수능이 도입
되었는데, 수능도 처음에는 달달 외우는 학력고사를 보완하기 위한 방
법이었다. 그러나 교과 전문가들의 이해관계가 얽히게 되면서 어느 순
간 학력고사와 별반 다를 게 없는 시험이 되었다.

우리 집 아이가 초등학교 다닐 때는 수능이 먼 나라 이야기인 것 같
아서 그다지 관심이 없었는데 큰아이가 중학교에 입학하니 고입제도,
대입제도에 관심이 가기 시작했다. 아이가 초등학교에 다닐 때는 대입
에서 내신 비중이 커졌다는 말에 경쟁이 치열한 힘든 강남 학구에 들어
가기보다는 비교적 자유로운 강북 학구에 있으면서 아이 내신을 성실
하게 준비시켜 일반 고등학교에 보내면 되겠다는 아주 순진한 생각을
했다.

그런데 조금 더 관심을 갖고 자세히 들여다보니 대학은 수시(학생부종합전형)로 70%를 뽑고, 정시로 30%(수능)를 뽑는데 점차 수시 비율이 높아지고 있다고 한다. 학생부종합전형은 아이들의 내신뿐만 아니라 교과 외적인 요소인 동아리, 독서활동, 봉사활동, 수상실적 등 아이들의 잠재 능력과 소질, 가능성 등을 다각도로 평가하고 판단하여 각 대학의 건학 이념과 교육 특성에 맞는 신입생을 선발하기 위해 2008년부터 정식으로 시행한 제도인데 점차 확대되고 있다는 것이다. 공부만 잘해도 되는, 수능 성적이 좋은 아이들을 뽑는 비율이 줄어들고 교과 요소와 교과 외적인 요소를 보겠다는 학생부종합전형의 비율이 늘어나는 것은 무엇을 말하는가?

더 이상 우리 사회는 공부만 잘하는 글방 도령을 원하지 않는다는 말이다. 대학도 그것을 눈치 채고 있다. 2012년 말부터 뉴스 헤드라인에 등장한 것은 "대기업들, 인재 채용 때 인성 중시" "입학 사정관 전형 인성 평가 강화" "대기업 채용, 스펙보다는 인성" 등 실제로 10개 기업 가운데 9곳이 지원자의 학력, 자격증 등 스펙에 의존하기보다는 책임감, 대인관계, 실천력, 참신함 등을 살핀다고 한다.

이명박 정부 때부터 수월성 교육 이론을 주장하며 특목고, 자사고 등이 우후죽순 생겨났다. 나는 순진하게도 우리 아이가 강북에 있는 일반고에 가서 내신도 챙기고 동아리, 독서활동, 봉사활동 등을 열심히 하면 되겠다고 생각했다. 하지만 이런 생각은 또 여지없이 깨지고 말았다. 공부할 의지가 있는 아이들은 모두 영재고, 특목고, 자사고 등으로 다 빠져나가서 일반고는 황폐화된 것이 현실이었다. 아이들은 수업 시간에 엎드려서 자고, 교사들은 그런 아이들을 보며 가르칠 힘을 잃어버리는 악순환이 계속된다는 이야기도 들었다. 부모들이 우리 아이를 그런 일반고에 보내고 싶을까? 뭔가 잘못되었다는 생각이 든다. 나마저도 이런 상황이라면 내 아이를 공부 분위기가 뜨거운 특목고나 자사고에 보내는 게 낫겠다는 생각을 하게 만든다. 그래서 문재인 정부는 특목고와 자사고 열풍을 막기 위해 올해부터 특목고와 자사고의 우선 선발권을 폐지하겠다고 나섰다.

그동안 수능 위주의 학생 선발에서 아이들을 다각도로 평가하겠다는 학생부종합전형의 취지는 참 좋았다. 그러나 동시에 금수저 전형이라는 비난도 받고 있다. 교과 외적인 요소인 동아리, 독서활동, 봉사활동, 수상 경력 등에 부모와 교사의 능력과 입김이 들어갈 수 있는 여지가 있기 때문이다. 학교생활기록부를 자세히 되도록 많이 기록해줘야 하는 고등학교 교사들도 엄청 힘들 것이다.

그렇다면 수능은 어떤가? 수능은 공정성이 확보된다는 장점이 있지만, 5지 선다형 평가는 우리 미래교육이 나아갈 방향과는 거리가 멀다는 단점이 있다. 그래서 2017년 8월에는 중3부터 적용될 수능 개편안에서 몇 과목을 절대평가로 할지가 큰 사회적 이슈였다. 우리 첫째 아이가 작년에 중3이었기에 나도 관심이 매우 컸다. 그러나 일선 고등학교 교사들과 대다수의 학부모들은 수능 몇 과목의 절대평가만으로 창의, 융·복합 인재 양성, 학습 부담 완화, 고교 교육 내실화 등에 접근할 수 있을지에 대해 굉장히 회의적이었다. 결국엔 수능 개편안에 대한 결정을 1년 미뤄둔 상태다.

그렇다면 세계 어디에 내놓아도 당당할 창의적인 인재를 선발할 수 있는 대입 선발 시스템은 무엇일까? 나는 상대평가다 절대평가다 하며 시스템을 조금 손보고 보수하는 선에서 그치지 말고 시스템 자체를 부수고 다시 세워야 한다고 생각한다. 부모들이 명문대에 대한 환상이 있는 현재로서는 대입 선발 방식이 아주 중요하다. 왜냐하면 선발 방식을 어떻게 하느냐에 따라 고등학교 교육이, 중학교 교육이, 초등학교 교육이, 유치원 교육이, 하다못해 뱃속에 있는 아이 태교 방법에까지 영향을 주기 때문이다. 예를 들어 대학이 아이들을 수능으로 선발한다고 하면 학교에서는 무조건 문제를 풀고 또 푼다. 시와 문학마저도 암기의 대상이 된다. 아이들의 학습 부담 경감을 위해 EBS 문제와 연계시키겠다고 하면 영어 지문을 해석한 한글 지문을 통째로 외우는 식이다.

몇 년 전에 이명박 정부가 의사소통 위주의 영어 시험을 만들어 대학시험에 활용하겠다는 정책을 내놓았었다. 영어 대입 시스템에 변화가 오니 나를 비롯한 학부모들이 문법 위주에서 의사소통 위주의 말하는 영어, 스피킹 영어로 갈아탔다. 2~3년 동안 나와 우리 아이들 모두 화상영어를 공부했다. 그러나 여러 가지 문제로 한국형 영어시험 제도가 시행도 못 해보고 폐지되자 모든 아이들은 다시 문법 위주의 영어 공부로 돌아가버렸다.

사실 아이들의 학업적 역량은 중·고등학교의 치열한 내신경쟁만으로도 충분하다. 몇 년 전에 KBS 〈공부하는 인간〉 제작팀이 하버드생들과 함께 강남 대치동에 가서 학원가 아이들이 푸는 수학 문제를 풀어보는 실험을 했다. 결과는 어땠을까? 대치동 학원생들은 10분 만에 쉽게 푼 문제를 하버드생들은 10분도 넘게 풀었는데 그나마도 답이 틀렸다. 그때 하버드생은 이렇게 말했다. "한국 학생들은 왜 이렇게 어려운 문제를 푸는 거죠?" 우리나라의 수능 문제가 그렇다. 자기가 쓴 시에 관한 문제를 정작 본인인 시인이 틀리고, 변별력이라는 미명하에 대학교수도 절반 넘게 틀리는 함정식 문제풀이에 빠져 있다. 학교는 어떤가? 고등학교도 대입 선발 방식 때문에 학부모 눈치가 보여 토론식, 학생 참여식 수업보다는 문제풀이를 할 수밖에 없는 시스템이다. 임산부가 뱃속의 아이 공부를 걱정해서 태교를 수학 정석으로 한다는 웃지 못할 이야기도 있다.

수능은 변별력과 공정성을 담보로 하고, 시골에 있는 아이도 열심히 공부하면 수능에서 좋은 점수를 낼 수 있는 기회의 사다리를 제공한다는 장점이 있다. 그렇다고 대한민국 수많은 초·중·고 학생들 전부를 문제풀이 교육에 얽매이게 해서 12년 동안 반복적인 문제풀이 교육을 하는 것이 옳을까? 공정성의 잣대를 최우선으로 하면서 말이다.

내가 만약 대입 시험을 바꿀 수 있다면 학업적 기본 역량과 아이들의 다양한 경험을 위해서 내신과 비교과 활동은 그대로 두고 5지 선다형 수능을 과감히 폐지하겠다. 대신에 프랑스처럼 정답이 없는 논술을 치르고 면접을 보게 하겠다. '정답이 없는 논술 시험을 준비하려면 최소한 아이들이 책을 읽게 되지 않을까?' 하는 기대 때문이다. 평가자의 공정성을 담보할 수 있다는 전제는 기본이다. 가까이에 있는 일본에서도 교육혁명을 시작하고 있으며, 대학입학 공통시험 문제 중 일부를 논술형으로 출제하고 공교육에 국제 바칼로레아(IB) 과정을 도입했다고 한다. 죽어라 문제집과 씨름하는 것보다 책을 읽고 자신의 생각을 논리적으로 전개하는 논술과 면접이 오히려 아이들을 생각하게 만들지 않을까? 또한 면접시험이 있다고 하면 아이들은 의사소통 능력을 기르기 위해서 수업 시간에 의견을 제시할 것이고, 면접 연습을 위해서라도 친구들과 이야기를 나눠야 할 것이다. 학교 교사들은 아이들에게 책을 읽히고 토론하게 할 것이고, 그것을 바탕으로 글을 쓰는 교육을 하게 될 것이다. 임산부들의 태교도 수학 정석 풀기에서 독서로 옮겨갈 것이다.

공교육의 정상화는 수능 몇 과목을 절대평가할지 상대평가할지로는 절대 해결되지 않는다. 12년이나 되는 기본 교육의 목표가 취업과 일자리라면 사회와 기업에서 요구하는 인재를 목표로 해야 한다. 지금 사회와 기업에서는 '세상에 대한 호기심이 있는가? 새로운 시도를 할 수 있는가? 열정이 있는가?' 같은 인재를 요구하고 있다.

대입 선발 방식에 있어서 어떤 가치를 우선할지에 대한 국민들의 사회적 합의도 필요하다. 공정성과 변별력이냐, 창의성과 진정한 배움의 즐거움이냐의 선택이다. 어떤 식의 대안이 나와도 사교육이 또 활개를 치겠지만 제대로 가는 길이라면 사교육마저도 대한민국 교육에 보탬이 될 수 있다. 그리고 질 높은 공교육이 자리 잡는다면 사교육 거품은 시간이 지나면서 사그라질 것이다. 지금처럼 학교에서 이미 내신평가를 하는데 전국의 아이들에게 하나의 잣대를 들이대며 수능이라는 5지 선다형의 문제를 풀게 하는 방식은 아이들의 교육적 낭비가 너무 심하다.

그나마 다행인 것은 대학입시에서도 수능의 비중이 점점 줄어들고 있는 추세라는 점이다. 대학의 한 조사에 따르면 수능으로 들어온 아이보다 학생부종합전형으로 들어온 아이가 훨씬 실력이 우수하다는 이야기가 들려온다. 수능의 입지는 점점 줄어들 수밖에 없다. 학생부종합전형은 공정성과 객관성의 문제, 금수저와 흙수저 사이에서 뱁새와 황새 게임이 될 소지가 있다는 단점이 있다. 그럼에도 불구하고 학생부종합전형은 교사 수업이 바뀌고, 비교과와 예체능 활동이 활성화되고, 진로탐색에 유리하기 때문에 교육의 과정을 생각하면 암기력만 발달시키는 수능보다는 교육적이라는 게 개인적인 판단이다.

좋은 취지로 시작된 학생부종합전형에서 내신성적이 좋은 학생에게 수상실적을 몰아주거나 학생활동을 부풀리는 등 공정성 면에서 많은 문제점들이 드러나고 있기는 하다. 교사와 부모가 편법을 쓰면 안 된다. 우리 어른들부터 공정해야 한다. 편법으로 아이의 입시 결과가 좋았다 한들 그 아이가 인생을 살아가는 데 진정한 도움이 될까? 우리 아이들의 12년간의 교육이 아깝지 않으려면 대학에 입학하기만을 위한 쓸모없는 죽은 교육이 아니라 자신의 삶을 가꾸고 사회에 나와서 당장 써먹을 수 있는 쓸모 있는 교육을 해야 한다.

인적 자원이 전부인 대한민국에서 창의적인 문·이과 융합 인재 양성은 어떻게 할 것인가? 이제는 공부만 잘하는 글방 도령이 아니라 자기만의 무기를 장착하고 사회 곳곳에서 스스로 질문하고, 대답을 찾아가는 창의성을 발휘하는 사람이 필요한 시대다. 단편적인 지식의 파편들은 모두 인터넷에 들어 있으니 찾기만 하면 된다. 굳이 외우고 시험보고 할 필요가 없는 일이다.

05.
미래 사회 인재와 미래의 유망직업을 생각하다

　미래 사회에서는 T자형 인재를 선호한다고 한다. 이들은 최소한 하나의 전문성을 가지고 시작하지만, '한' 우물에만 지나치게 몰입해서는 안 된다는 것이 요지다. 전에는 하나의 전문성만 가지고 있어도 사회의 다양한 조직에서 자기 자리를 확보하고 살아가는 데 별다른 문제가 없었는데 이제는 그것만으로는 부족하다. T자형 인재라는 말은 미국을 대표하는 기업인 제너럴 일렉트릭에서 처음 언급했다. 수평적으로는 특정 분야의 전문성과 능력을 깊이 있게 가진 인재를 말한다. 한 우물만 파기보다는 우물을 깊이 파면서, 동시에 다른 우물과 연결될 수 있는 종합적 사고능력을 가진 사람이 바로 T자형 인재다. 이제 한 우물만 파다가는 우물에 갇혀버릴 수 있다.

　《새로운 미래가 온다》라는 책에서 미래학자 다니엘 핑크는 미래 인재의 6가지 조건을 제시하고 있다. 지금 세상은 정보화 사회에서 콘셉트와 감성의 사회로 넘어가고 있으며, 물질적 풍요와 자동화된 세상은 정신적 가치를 추구하게 된다고 한다. 미래 사회의 조건으로 디자인, 스토리, 조화, 공감, 유희, 의미를 들고 있다.

사실 교대를 졸업한 뒤 실제 학교라는 정글로 들어서면 대학교에서 중시했던 각 교과목에 대한 지식보다 심리학이나 인간관계, 의사소통, 감정코칭 같은 소프트하게 보이는 것들이 정말 중요하다는 사실을 깨닫게 된다. '사람과 디지털 연구소'의 구본권 소장에 의하면 미래 사회의 인재는 "강한 종이 살아남는 것이 아니라 적응한 종이 살아남는다"는 찰스 다윈의 말처럼 변화에 대한 유연한 적응력이 있을 것, 급변하는 사회 변화에 발맞추기 위한 평생학습 능력이 있을 것, 답이 없는 문제에 끊임없이 도전할 것 등을 조건으로 제시하고 있다. 교육계의 마이클 조던이라 불리는 조벽 교수님은 글로벌 시대의 미래 인재에게 필요한 3가지 실력으로 창의성, 상상력과 전문성을 바탕으로 한 평생학습 능력, 인성을 바탕으로 한 협업 능력을 들고 있다.

사회의 변화가 어느 정도 감지되자 앞으로 내가 추구해야 할 미래 교육의 방향이 궁금해졌다. 그러던 차에 교사 대상의 오프라인 연수인 '교사, 세상에 질문을 던지다'를 듣게 되었다. 그 연수에서 미래 사회의 모습과 미래 사회의 유망한 직업에 대한 유익한 정보를 많이 얻을 수 있었다. 다음 내용은 그 연수 내용을 참고하였다.

미래 사회에서는 '블루오션' 지역을 공략해야 한다고 한다. 사람들은 대부분 남이 가지 않는 길보다는 사람들이 많이 가는 길을 따라간다.

위험 부담을 줄이기 위해서다. 한국인은 옆 나라 일본의 영향 때문인지는 몰라도 표준에서 벗어나는 것을 매우 두려워한다. 따라서 어느 순간 덫에 걸려 꼼짝달싹 못 하게 되는데, 스스로 덫이 널려 있는 곳으로 찾아간 결과다. 남들이 다 가고 있는 길인 레드오션으로 휩쓸려가 경쟁의 올가미에 걸려버리면 경쟁은 불가피하고 인생은 고달플 수밖에 없다. 차라리 어느 정도 위험 부담을 감수하면서 남들이 가지 않는 블루오션을 공략해야 하는 게 나을지도 모른다.

미래 사회는 또한 '나만의 가치'를 만드는 것이 중요하다고 한다. 아이들이 어렸을 때 사두었던 백과사전이 이젠 무용지물이 되었다. 지식은 날마다 새로워지고 있다. 명왕성은 행성의 개념에서 퇴출되었고, 브리태니커 종이 백과사전은 사라지고 위키피디아 인터넷 사전으로 대체되었다. 로봇과 인공지능이 주도하는 4차 산업혁명시대를 살아갈 우리 아이들은 과연 일자리를 얻을 수 있을까?

최근 영국에서 7만여 개의 직업이 사라질 것이라는 연구 결과가 발표되어 많은 사람을 불안하게 만들었다. 하지만 인간은 '로봇이 만들어내지 못하는 것'을 만들 수 있다. 로봇이 인간보다 언어, 논리적 추론, 연산 등에서 뛰어날 수 있지만 생각을 예술로 표현하는 것은 인간이 월등하다. 따라서 미래 사회에서는 로봇이 할 수 없는 영역인 예술성으로 '가치'를 높일 수 있어야 한다고 말하기도 한다. 내가 만들어낸 것이 사회적으로 얼마나 가치가 있는지, 남과 다른 나만의 가치를 어떻게 만들 것인지, 내가 가진 능력을 사회에서 얼마나 원하는지에 대한 고민이 필요하다.

그렇다면 미래 사회는 어떤 직업이 유망할까? 조제로봇을 만들어 약을 조제할 때의 실수 건수를 조사했더니 0건이 나왔다. 사람은 어느 정도의 실수가 있었다는데 말이다. 그렇다면 약사를 조제로봇이 완전히 대체할 수 있을까? 조제로봇이 약사의 직무를 대부분 대체할 수는 있지만 약사라는 직업이 완전히 사라지지는 않을 것이라고 보는 사람들도 있다. 고령화 사회를 맞이해서 건강 상담을 해주며 약을 파는 직업으로 변화될 거라고 말이다. 이렇듯 그 직업이 사라지는 것이 아니라 그 직무가 사라지는 것이라고 《미래채널》의 황준원 대표는 말한다. 그럼 사라지는 직무에 공통점이 있을까? 있다. 바로 '단순반복'이다. 마트 계산원 같은 단순반복 직무는 곧 사라지게 될 것이라고 하는데 미국의 아마존은 이미 무인 마트를 실험중이다. 이에 반해 미래 사회에서 뜨는 새로운 직무는 무엇이 있을까?

첫째, 이벤트 기획자 같은 새로운 문화 기술 관련 직무

둘째, 고령화 사회로 인한 노인 인구 관련 직무

셋째, 소프트웨어 개발자 같은 데이터 과학자

이 직무들의 공통점은 무엇일까? 단순반복이 아니라 '창의성과 즐거움'이라는 점이 다르다. 또 사회의 필요성에 기반을 두고 있다. 실제로도 요즘은 고령화 사회라 간호사의 수요가 증가해 간호학과의 인기가 높다고 한다. 취업이 보장되기 때문이다. 고령화 사회를 먼저 겪은 일본은 노인을 돌봐주는 '간병 복지사' 자격증을 외국인이 딸 경우 최대 5년간 일본 내에서 합법적으로 체류할 수 있고, 횟수 제한 없이 연장할 수 있어 무기한 거주도 가능해졌기 때문에 '간병 이민'의 문호를 열

었다는 신문기사도 있었다.

베이비부머들의 인생 목표는 단순했다. 공부 잘해 좋은 대학 나와 괜찮은 일자리 잡으면 거기서 대개 평생 먹고살 수 있었다. 그런데 세상이 바뀌고 있다. 2017년 초 다보스 포럼에서 발표한 〈일자리의 미래, The Future of Jobs〉 보고서에서는 인공지능·로봇공학 주도의 4차 산업혁명으로 2020년까지 선진국에서만 일자리 510만 개가 사라질 거라고 예측했다. 올해 초등학교에 입학한 어린이의 65%는 지금 있지도 않은 새로운 직업에서 일하게 된다는 것이다. 현재의 청소년들과 젊은이들은 기성세대와는 비교할 수 없는 불확실성을 안고 살아야 한다. 앞으로 어떤 기술이 등장해 어떻게 세상을 바꿔나갈지 예측하기 어렵다. 잘못 선택하면 테크놀로지 발전과 산업 재편에 몰려 속절없이 튕겨 나갈 수도 있다. 또 대학에서 배운 전공 지식 하나 가지고 평생 비슷한 일에 종사하기도 힘들게 됐다. 눈이 핑핑 도는 기술 발전에 유연하게 적응할 기초 체력을 튼튼히 만들어야 한다. 로봇과 인공지능을 직접 개발하든가 아니면 로봇과 인공지능이 대체할 수 없는 자기만의 차별적 능력을 키우는 것이 필요하다. 그렇게 해서 다양한 청소년들이 각자 다양한 목표를 추구해간다면 경쟁의 가혹함도 줄어들 수 있다. 모두가 한 이불 속에서 발버둥치는 건 좋은 전략이 아니다.

얼마 전 서울대 인구학자인 조영태 교수가 당신의 딸에게 남들이 가지 않는 농고를 권한다는 기사를 신문에서 보았다. 남들 안 쳐다보는 분야에서 실력을 키우는 게 낫다는 판단에서 내린 결정이라는 설명이 붙었다. 조 교수는 "지금 유망한 직업이 미래에도 유망한 것은 아닐 것"

이라고 했다. 대졸 학력의 희소가치도 사라지고 있다며 두 딸에게 사교육도 안 시킨다. 인구학적 관점에서 본다면 조 교수의 말처럼 다가오는 미래가 어느 정도 예측 가능하다는 것에는 적극 동의한다. 그러나 남들이 가지 않는 블루오션 지역이라고 해서 우리 아이들에게 그런 직무만을 꿈꾸라고 말할 수 있을까? 유망직업이 의미가 있으려면 사실 돈을 어느 정도 벌 수 있어야 하고, 아이가 행복하게 즐길 수 있도록 적성에도 맞는 직업이어야 한다. 아무리 유망한 직업이라 해도 아이의 적성과 안 맞으면 그건 그냥 여우의 신 포도일 뿐이다. 아무리 공부를 잘하는 아이라도 피만 보면 무서운 아이에게 의사라는 직업을 권하는 게 의미 있을까? 그런 의미에서 보면 조 교수가 자신의 딸에게 남들이 가지 않는다고 해서 무작정 농고를 가라고 하는 것도 좋은 전략은 아닌 것 같다. 교육자의 입장에서 본다면 아이의 적성과 재능도 고려되어야 의미가 있기 때문이다.

미래 사회에 유망한 직업은 또 어떠해야 할까? 떼돈을 벌면 유망한 직업이라 할 수 있을까? 물론 자본주의 사회이기 때문에 돈을 잘 벌 수 있는 직업이면 좋을 것이다. 자본주의가 발달한 서구 사회는 일반적으로 행복이란 무언가를 소유하는 것이며, 그것도 많을수록 좋다고 말한다. 그런데 이러한 철학과 생각이 근래 들어 바뀌고 있다.

일부 예외가 있기는 하지만 실리콘밸리에서는 이른바 뜨는 젊은 스타 기업인들이 전통적인 성공 방식을 거부하고 있다. 흔히 성공한 사람들은 스포츠카와 요트, 그리고 화려한 집을 내세우면서 자신들의 부와 성공을 외부에 과시한다. 그러나 실리콘밸리에서는 성공과 부가 개인의 역량이라기보다는 사회적 환경과 실리콘밸리 특유의 스타트업 환경 덕분이라고 이야기한다. 또한 그곳에서 얻은 부를 가지고 사회적 변화에 더욱 동참해나가는 것이 진정한 성공이라고 생각하는 사람들이 많다. 페이스북의 창업자인 마크 저커버그는 억만장자임에도 지극히 평범한 생활을 하고 있고, 앞으로도 그런 활동을 지속할 것이라고 선언했다. 실리콘밸리에서는 성취를 '돈을 주고 사는 것'이 아니라 '쌓아 올리는 것'이라고 본다. 어떻게 하면 자유를 누리면서도 좋은 가치를 많은 사람과 나눌 수 있을지에 대해 고민한다.

요약하자면 미래 사회의 유망한 직업은 남들이 가지 않는 블루오션 지역에, 자신의 재능과 적성을 살려, 내가 가장 잘할 수 있는 일을 열정을 가지고 실천하여, 사회적으로 가치 있는 것을 만들어낼 수 있는 일이 될 것이다. 부는 부산물일 뿐 목적일 수 없다.

2015 개정교육과정과 미래 핵심역량

이제는 '얼마나 많이 알고 있는가?'보다 '얼마나 많이 할 수 있는가?'가 필요한 세상이 되었다. 세상의 모든 지식은 인터넷에 공유되어 있기 때문이다. 지식은 이제 필요할 때 꺼내다 쓰기만 하면 된다. 2017년 3월 1, 2학년부터 순차적으로 적용되는 2015 개정교육과정의 총론에서는 미래 사회가 요구하는 인재상을 반영하고, 6가지 핵심역량을 기르는 데 목표를 두고 있다. 교사가 아이들에게 가르쳐야 할 것이 지식이 아닌 역량에 초점이 있다는 것에 주목해야 한다.

이 역량들을 살펴보면 예전의 교육과정과는 완전히 다르다는 것을 알 수 있다. 예전에는 '학교에서 배운 것을 얼마나 잘 알고 있나?'에 초점이 맞추어져 있었다. 즉, '과거의 지식을 어떻게 하면 효과적, 효율적으로 아이들에게 전달할까? 성취하게 할까?'에 대한 고민이었다면,

2015 개정교육과정은 아이가 살아갈 미래 세상에서 만나게 될 다양한 환경과 사회의 변화요인에 적응하고, 창조하는 개인의 삶에 초점이 맞추어져 있다. 지식 자체가 아니라 역량에 맞추어져 있는 것이다. 6가지 핵심역량은 다음과 같다.

1. 자기관리 역량: 자아정체성과 자신감을 가지고 자신의 삶과 진로에 필요한 기초 능력과 자질을 갖추어 자기주도적으로 살아갈 수 있는 능력
2. 지식정보 처리 역량: 문제를 합리적으로 해결하기 위하여 다양한 영역의 지식을 축적하고, 처리하여 활용할 수 있는 능력
3. 창의적 사고 역량: 폭넓은 기초지식을 바탕으로 다양한 전문 분야의 지식, 기술, 경험을 융합적으로 활용하여 새로운 것을 창출하는 능력
4. 심미적 감성 역량: 인간에 대한 이해와 문화적 감수성을 바탕으로 삶의 의미와 가치를 발견하고 향유할 수 있는 능력
5. 의사소통 역량: 다양한 상황에서 자신의 생각과 감정을 효과적으로 표현하고 다른 사람의 의견을 경청하며 존중하는 능력
6. 공동체 역량: 지역, 국가, 세계 공동체의 구성원에게 요구되는 가치와 태도를 가지고 공동체 발전에 적극적으로 참여하는 능력

6가지 핵심역량을 1, 2학년 통합 교과에서 제시하고 있는 쉬운 말로 풀어보고, 이 역량을 키우기 위한 교사와 부모의 역할을 정리해보았다.

1. 자기관리 역량은 일상생활을 하는 데 필요한 기본 생활 습관 및 기본 학습 습관을 형성함으로써 변화하는 사회에 유연하게 적응하며 살아갈 수 있는 능력을 말한다. 이를 위해서 교사는 아이들에게 자기 주변을 정리하고, 자기 가방을 정리하고, 자기 교실을 깨끗이 청소하는 것을 가르쳐야 한다. 이스라엘에서는 가르치는 교과 과목 중에 '청소' 교과가 따로 있다고 한다. 지식 교육에 치우치면서 언제부터인가 아이들은 청소하는 방법을 배우지 못하고, 학교에서 청소를 하라고 하면 집에서 청소해보지 않은 티를 팍팍 냈다. 아이들에게 청소 방법부터 가르쳐야 한다. 왜냐하면 정리정돈과 청소는 삶의 가장 기본적인 자기관리 기술이기 때문이다.

가정에서부터 자기 가방 챙기기, 자기 숙제 챙기기, 자기 방 청소하기, 자기의 일은 스스로 하기 등 부모가 모든 것을 해주지 말고 아이 스스로 해볼 수 있는 기회를 주어야 한다. 또한 자신의 시간을 관리하는 일의 중요성을 알게 하고, 하루 중 헛되이 흘려보내는 시간은 없는지 점검해보게 해야 한다.

2. 지식정보 처리 역량은 주변에 관심을 가지고 자료를 수집, 분류, 이해할 수 있는 능력을 말한다. 이를 위해서 교사는 아이들이 책을 읽게 하고, 필요한 정보는 인터넷에서 찾아볼 수 있도록 해야 하며, 학교에서

도 창의적 체험활동 시간을 이용하여 컴퓨터 프로그램 이용 방법을 가르쳐야 한다. 인터넷에서 필요한 정보를 찾는 법, 한글 보고서 작성법, 발표를 위한 파워포인트 작성법, 동영상 제작법 등에 대해 가르쳐야 한다. 5학년 실과 교과서에 파워포인트와 동영상 제작 방법이 나와 있는데 내가 직접 기본적인 것을 알려주고 아이들에게 주제를 정하여 만들게 하니 아이들은 이것저것을 눌러보며 나보다 더 창의적인 작품을 만들어냈다. 또한 자신이 만든 작품을 아이들 앞에서 발표하게 하니 듣는 아이들의 집중력도 높아지고 자신이 만든 작품에 대한 뿌듯함도 커졌다. 2019년부터는 코딩 교육도 초등학교에 들어올 예정이라 교사들은 코딩에 대해서도 배워야 한다.

가정에서 부모는 아이가 컴퓨터를 들여다보는 것을 혼낼 것이 아니라 그 좋은 컴퓨터를 가지고 게임만 하지 말고 다양하게 컴퓨터를 다뤄볼 시간을 허락해야 한다. 우리 아이들은 어차피 N 세대다.

3. 창의적 사고 역량은 주변에 관심을 가지고 다양한 현상과 관련지어 창의적으로 생각할 수 있는 능력을 말한다. 이를 위해서는 교사가 교과 간의 벽을 허무는 주제 통합 학습이 적합해 보인다. 과학과 미술이 결합할 수도 있고, 국어와 음악이 결합할 수도 있다. 교육 선진국인 핀란드는 교과 융합의 교육 실험을 이미 시작하고 있다고 한다. 초등학교에서는 담임교사가 여러 과목을 가르치기 때문에 교육과정 재구성을 통해 교과 간의 벽을 허물기가 훨씬 쉽다.

가정에서 부모는 공부는 안 하고 논다고 아이를 혼낼 것이 아니라 아이의 취미활동을 적극 장려해주고 놀 틈, 쉴 틈을 허락해야 한다. 아이의 삶에도 공백이 있어야 아이가 창의적인 생각을 할 수 있다.

4. 심미적 감성 역량은 일상생활에서 아름다움을 느끼고, 여러 가지 자료와 매체, 도구 등을 사용하여 소리와 이미지, 움직임 등에 대해서 다양한 감각을 발달시키는 능력을 말한다. 이를 위해서는 교사가 음악, 미술, 체육 등 예체능 교과를 등한시하지 않고 제대로 가르쳐야 한다. 교사가 조금만 노력하면 그 분야에 관심을 가진 교사들의 좋은 수업자료들이 인터넷에 모두 공유되어 있다. 그 자료들을 우리 반 아이들의 수준에 맞게 어떻게 적용할 것인가에 대해 살짝 고민만 하면 된다. 요즘에는 오히려 정보와 자료가 넘쳐나서 취사선택하는 것이 어려울 정도다.

가정에서는 여건이 허락한다면 부모와 함께 여행이나 미술관 관람, 공연 감상, 영화보기를 하며 좋은 음악을 함께 듣자. 가장 쉬운 방법은 온 가족이 재미있는 영화나 드라마를 함께 보며 스토리 전개, 영상 표현법, 삽입 음악에 대해서 자연스럽게 이야기를 나누는 것이다.

5. 의사소통 역량은 가족, 학교, 지역사회 구성원들의 의사를 이해하고 소통하며, 자신의 생각을 알고 상황에 맞게 효과적으로 표현할 수 있는 능력을 말한다. 이를 위해서 교사의 일방적인 강의보다 질문과 토론이 있는 수업 등이 적합해 보인다. 특히 서울형 토론 모형은 아주 유용하다. 찬반 대립 토론처럼 승자와 패자를 나누기보다는 다른 사람의 의견을 귀 기울여 듣고, 의견을 모으고, 의견을 발표하는 수업으로 의사소

통 기술을 익히기에 아주 유용하다. 수업 시간에 교사의 일방적인 강의보다 아이들의 생각을 묻고, 아이들끼리 서로 의사소통할 수 있는 분위기를 만들어주는 것만으로도 충분하다.

가정에서 부모는 같이 식사를 하며 성적이나 공부 이야기보다는 아이의 관심사에 대해 먼저 관심을 보이고 서로의 일상을 공유한다. '표현하지 않으면 귀신도 모른다.'

6. 공동체 역량은 가족, 학교, 지역사회, 국가의 구성원으로서 요구되는 가치와 태도를 받아들이고, 공동체의 일원으로서 주변 사람들과 원만한 관계를 형성·유지하며 상호작용할 수 있는 능력이다. 이를 위해서는 황금률 "네가 대접받고 싶은 대로 남을 먼저 대접하라"는 말이 적합해 보인다. 학교는 많은 아이들이 6~7시간을 함께 보내기에 공동체 역량을 기르기에 딱 좋다. 나 혼자 하고 싶은 것을 참고, 남에게 피해를 주지 말아야 한다. 다른 사람의 다름을 존중하고, 기다리고, 도움을 주고받는 것을 경험하게 해야 한다. 친구들과 함께하는 수행평가 작품은 더불어 사는 협동을 가르치기에 유용하다.

가정에서 부모는 아이들에게 공부만을 강요하고 학원으로 뺑뺑이만 돌릴 것이 아니라 가족 구성원으로서 자신이 할 수 있는 일로 가족을 돕도록 해야 할 것이다. 청소를 같이 하거나 분리수거를 담당하게 하거나 심부름을 하게 하는 등 아이들을 집안일에 참여시켜야 한다. 가정은 가장 기본적인 공동체 단위이다.

이제 우리 교사들은 이 핵심역량 6가지를 몸소 가르치기 위해 지식 전달자의 위치에서 내려와 삶을 안내해주는 안내자, 롤 모델, 멘토를 요구받고 있다. 교사도 변화에 적응해야 살아남는다. 다음 장부터는 '지금 대한민국 교육의 현 주소는 어떠한가? 그 속에서 나는 어떤 교육을 하고 있나? 미래 인재에게 알맞은 교육방법은 어떠해야 하는가?'에 대한 고민에, 내가 답을 찾아가던 과정을 담아보았다. 현재 나를 비롯한 우리 가정과 학교교육의 모습을 냉철하게 바라보고 부모와 교사가 함께 나아가야 할 방향, 실천 방법을 제시해보고자 한다.

인공지능은 인간을 더 행복하게 할까? 불행하게 할까?

"우리 모두는 지금처럼 항상 인터넷에 연결되기 전에는 더 행복했었다." 앤디 루빈(Andy Rubin) 이센셜 프로덕츠 최고 경영자가 최근 블룸버그 인터뷰에서 한 말이다. 루빈은 전 세계 스마트폰 운영체제의 4분의 3을 차지하는 안드로이드의 공동 개발자이기도 하다. 우리의 삶을 안드로이드 폰을 통해 인터넷과 연결한 주인공이 이른바 포노 사피엔스(phono Spiens, 스마트폰 없이 살기 어려워진 인류)를 비판한 것이다.

우리는 5분마다 스마트폰을 확인하는 중독 증상을 경험하고 있다. 스마트폰을 그다지 많이 사용하지 않는 나마저도 학교에 가다가 스마트폰을 집에다 두고 온 것을 깨닫고 다시 차를 돌려 집으로 돌아가 스마트폰을 가져온 경험이 있다. 스마트폰과 잠시라도 떨어져 있으면 불안하다. 스마트폰이 곁에 없으면 사회에서 나 혼자 외딴 섬에 고립되어 있는 듯한 생각이 들기도 한다.

　앞으로 스마트폰에 인공지능을 탑재해서 지금처럼 사람이 수시로 확인하지 않고도 개인 비서처럼 음성으로 알려주는 것을 개발하고 있다는데, 인공지능의 핵심 전략인 딥 러닝은 기계 스스로가 경험을 축적해가며 학습하고 판단하는 획기적인 시스템이다. 아무리 숙련된 프로그래머의 알고리즘도 경험을 통해 스스로 학습하는 인공지능의 능력을 따라잡을 수는 없을 것이다.

　인공지능과 로봇의 시대는 인간의 미래에 행복을 가져다줄 수 있을까? 아니면 인간을 더 불행하게 만들까? 눈앞에 다가온 신기술의 시대가 우리를 물질적 풍요가 넘쳐나는 시대로 인도할 것인가? 아니면 신의 노여움을 사는 21세기의 바벨탑이 되어 재앙을 가져다줄 것인가? 그것이 궁금하다. 지금은 너무도 빠른 기술의 발전 속도에 압도되어 혼미한 시점이다. 나는 인공지능이 인간을 더 행복하게 해줄지에 대해서는 부정적인 생각이 더 강하다. 가장 우려되는 것은 인공지능이 인간의 일자리 영역을 침범하고 있다는 것이다.

　실업은 크게 마찰적 실업, 계절적 실업, 경기적 실업 그리고 구조적 실업의 형태로 나타나는데, 과학 기술이 무한한 발전을 이루면서 구조적 실업 문제가 가장 크게 대두되고 있다고 한다. 구조적 실업은 기술 혁신 또는 산업구조의 변화로 이전의 기술이 쓸모없어지거나 어떠한 산업이 쇠퇴하면서 발생하는 실업이다. 인간의 지능으로 할 수 있는 사고, 학습, 자기계발을 컴퓨터가 대신하게 되면서 결과적으로는 일자리의 총량이 줄어들게 되며 인간의 일자리 영역을 침범하게 될 것이다.

일자리 없이 실업 상태에 놓인 사람들이 많아진다면 과연 그 사회가 행복할 수 있을까? 노동은 단순히 우리에게 경제적인 이로움을 가져다주는 수단만이 아니다. 노동을 통해 인간은 자아를 실현하기도 하고, 행복을 느끼기도 한다. 사람이 행복하려면 어느 정도의 물질적 충족 이외에도 반드시 할 일과 함께 일상을 공유할 사람이 있어야 한다는 게 대부분의 행복학자들이 공통적으로 인정하는 조건이다. 기술의 진보가 인류의 편리성 면에서 많은 도움을 준 것은 사실이다. 추억 속에 남아 있는 어린 시절 빨래터는 세탁기로 대체되었고, 동네 우물은 언제 어디서나 콸콸 쏟아지는 수도로 대체되었다. 동네에 돌아다니던 엿장수도 "오라이"라고 외치던 버스 안내양 언니도 사라졌다. 내가 타야 할 버스가 몇 분 후에 도착하는지까지 알려주는 신세계에 살고 있다.

그러나 인공지능의 편리함이 인간을 행복하게 하는 중요한 요소는 아닌 것 같다. 생활의 편리성이 나날이 높아지고 있는데도 불구하고 우리는 예전보다 행복하다고 말하지 않기 때문이다. 그 예시로 각 나라의 '행복지수'를 들 수 있다. 행복지수란 어느 나라의 국민이 얼마나 행복한지를 숫자로 계량화해서 나타내는 것이다. 측정에는 건강, 환경, 빈곤, 삶의 질, 안전, 치안 등 다양한 행복을 반영한다. 우리나라의 경우 산업화, 도시화된 환경에 노출돼 있어 인간의 삶을 풍족하고 편리하게 해주는 항목에 대한 요건을 충분히 갖추고 있음에도 불구하고 삶에 대한 편리성과는 거리가 먼 빈곤국가로 알려져 있는 네팔, 부탄보다도 행복지수가 더 낮았다. 편리함이 인간의 행복을 대변하기에는 불충분하다는 말이기도 할 것이다.

'내면의 평화'나 '마음의 고요함'에는 인공지능이 그다지 큰 기여를 할 것 같지 않다. 기술의 발달은 오히려 사람들에게 멀티 플레이어를 요구하며 뇌가 휴식할 수 있는 시간을 빼앗았다. 그 결과 요즘은 오히려 번 아웃, 우울증, 불면증, 공황장애 같은 현대병에 고통받고 있는 사람들이 많아졌다. 대중에게 사생활 노출이 심한 연예인들에게는 흔한 병이 되었을 정도다. 사람의 몸은 긴장과 이완을 통해 스스로 회복 탄력성을 유지해야 하는데 과도한 자극들이 몸의 이완을 방해하고 몸을 항상 긴장하게 만든다. 인터넷에 항상 접속되어 있다는 것은 불행함을 증폭시키기도 한다. SNS를 통해 잘 나가는 사람들의 행복하고 완벽해 보이는 모습을 보는 것은 나를 한없이 위축시키고 불행하게 만들기도 한다. 따라서 인공지능이 인간의 생활을 더 편리하게 만들지는 모르지만 인간의 삶을 더 행복하게 해주리라 확신할 수 없다는 게 나의 생각이다.

2부

교사,
가정교육과
학교교육을 말하다

교사,
교육전문가로
성장하다

01.

[가정교육] 공부만을 강요하는 가정, 학원 순례하는 아이들

모든 부모는 자식이 자신보다 더 잘 살기를 소망한다. 그래서 공부로 경쟁해온 부모들은 자신의 아이들이 공부 잘하기를 바란다. 공부를 잘하면 안정적인 직장을 얻을 수 있다는 최소한의 희망이 있기 때문이다. 사실 나도 우리 아이가 평균 이상으로 공부하기를 원하는 평범한 엄마다. 아이의 주 양육자가 엄마이기 때문에, 엄마들은 대부분 아이 공부가 엄마 몫이라고 생각하게 된다. 아이와 공부로 씨름하다 지친 엄마는 슬럼프와 자괴감 속에서 우울증을 겪기도 한다. 그러다 빗나간 모성애는 아이에게 공부를 강요하고 성적을 강요하며 심지어 아이를 때리기까지 한다. 이게 몇몇 극성맞은 엄마들 이야기일까? 그렇지 않다. 절대다수의 이야기다. 나도 그런 경험을 해봤기 때문에 잘 안다.

처음 엄마가 된 나 또한 마찬가지였다. '엄마인 내가 게을러서 아이의 장래를 망치면 어쩌지?' 하는 생각에 불안했다. 이런 불안한 엄마의 마음을 뚫고 각종 학습지 시장이 유혹한다. 아이가 태어난 지 1년이 되고 더듬더듬 말을 하기 시작하면 각종 자극으로 아이의 두뇌를 발달시켜준다는 교구들부터 시작해서 한글 학습지, 수학 학습지, 영어 학습지, 한자 학습지 등이 엄마의 마음을 흔들어놓는다. 나 역시 교구도 사고, 첫째는 영어 학습지를, 둘째는 한글 학습지를 시켜본 경험이 있다.

　우리 첫째 아이도 목을 가누기 시작하면서부터 바로 교육에 들어갔다. 15년 전에는 조기 교육이 유행이어서 두뇌 발달에 도움이 된다는 교구 회사의 말을 철석같이 믿고 흑백 모빌을 보여주고, 플래시 카드도 보여주었다. 그렇게 하면 모든 아이가 영재가 될 수 있다고 했다. 교구 회사는 내가 산후조리원에 있을 때 부모교육 강좌 설명회로 들어왔는데, 주변에 같이 있던 엄마들이 하나둘씩 사기 시작하니 경쟁심리가 생기면서 나도 사야 할 것 같은 마음이 들었다. 아이가 어릴 때는 교구 회사의 방문판매가 많았다. 아이가 있는 집이란 걸 귀신같이 알고는 아이와 단둘이 있는 외롭고 불안한 엄마의 마음을 어루만지며 파고들었다. 또 책은 어떤가? 어릴 때 엄마가 책을 읽어줘야 아이의 머리가 좋아진다는 말에 수십만 원씩 하는 전집을 들여놓았다. 한참 독서 영재 푸름이 책이 인기를 끌고 있어서 의무감으로 아이에게 하루에 10권씩 목이 터져라 읽어주고 내가 먼저 지쳐 나가떨어지던 시절이었다.

　아이들이 어릴 때는 지식을 구겨 넣기보다 정서적 안정을 위한 아이와의 눈맞춤, 공감과 대화, 자연에 대한 감성, 인성교육이 중요하다고 외치는 곳은 단 한 곳도 없었다. 나도 엄마가 처음이라 잘 몰랐고, 각종 현란한 광고들에 속아 넘어갔다. 어쩌면 그 유아교육 기관들도 일부러 속인 것이 아니라 그 당시엔 정말 그게 중요하다고 생각했을지도 모르지만.

학습지뿐만 아니라 아이의 독서 습관은 어려서부터 길들여야 한다고 하면서 집에 들여놓은 전집도 수두룩하다. 그 책들을 아이가 다 읽기만 하면 독서 영재가 될 것 같은 생각이 들었는데 막상 아이는 엄마 마음처럼 그 전집을 좋아하지 않았다. 그 당시에는 아이에게 의미 있는 한 권의 책이 더 중요하다는 생각을 하지 못했다. 다독보다는 정독이 답이다. 억지로 읽은 책은 손가락 사이의 모래처럼 의미 없이 흘러 사라진다. 전집으로 구매한 책은 엄마의 욕심이었다.

유아를 둔 엄마는 한글 공부, 독서 외에 영어 공부도 중요한 관심사다. 나를 비롯한 다른 엄마들도 아이가 한글을 떼면 그다음엔 영어 공부에 발을 들였다. 다른 아이들에 뒤질세라 영어 학습지를 시키고, 사립 초등학교를 보낼 계획이 있는 엄마들은 미리부터 영어 유치원에 보내기도 했다. 세상에 나오자마자 공부를 위해 태어난 아이들 같다.

여기에 수학 학습지, 태권도, 수영, 피아노, 미술 학원 등을 얹는다. 초등학교에 입학하면 공부 경쟁은 가속화된다. 받아쓰기를 비롯한 각종 공부가 본격적으로 시작되고 아이와 엄마는 각 과목 문제집들을 풀고 아이의 점수에 예민해지는 시기를 겪는다. 그렇게 아이와 싸우다 지친 엄마는 백기를 들고 아이 공부를 학원에 맡기기 시작한다. 아이의 학원 인생이 시작되는 것이다. 2015년 공식 집계로만 사교육 시장 규모가 18조라는데 가정은 학원비로 등골이 휜다. 내가 아는 한 지인은 교육열

이 높은 지역에 사는데 두 아이에게 사교육을 시키느라 10년 동안 한 푼도 저축하지 못했다고 한다. 맞벌이 월급이 만만찮았는데도 아이들 학원비와 과외비로 남는 것이 없다는 얘기다. 초등학교 때부터 특목고를 꿈꾸며 사교육을 시작하고, 명문대 진학을 꿈꾸며 사교육을 받는다. 지금은 중·고등학교 때 사교육을 받지 않는 친구들을 외계인 취급할 만큼 사교육이 보편화된 상태다.

나 또한 얼마 전까지만 해도 무조건 공부 열심히 하라고 몰아세우는 엄마였다. 명색이 교사 엄마라고 초등학교 시절 두 아이 모두 공부 사교육을 받게 하지는 않았지만 문제집을 사주고 스스로 문제를 풀며 공부하라고, 책 읽으라고 얼마나 몰아세웠는지 모른다. 우리는 왜 이토록 아이의 공부에 집착하게 되었을까? 부모 세대는 공부 점수만으로 직업이 결정되는 것을 지켜보았기 때문이다. 고3 때 학력고사 점수로 위에서부터 적성과는 상관없이 의대, 법대, 약대, 교대 등 직업이 결정되는 것을 직접 경험했다. 그리고 그 이후 의사, 판사, 검사, 변호사 등의 전문직이 떵떵거리며 잘 사는 모습을 보아왔다.

그러나 사회는 점점 변해가고 있다. 전문 직종의 증가로 폐업하는 병원과 변호사 사무실도 늘고 있다. 공부 잘하면 성공한다는 신화가 깨지고 명문대에 진학하면 직업이 보장된다는 등식이 깨지고 있는데도 우리 부모 세대는 공부에 대한 집착에서 벗어나지 못한다. 나중에 땅을 치고 후회해봐야 소용없다. 부모 세대는 대학 졸업자가 30%밖에 되지 않지만 요즘은 70% 이상이다. 대학 졸업장이 예전 같지 않다. 대학을 졸업하고도 갈 곳을 몰라 헤매는 젊은 청춘들이 얼마나 많은지, 알면서도 모른 척하고 있다. 남들 하는 대로 하면 중간은 간다는 생각과 함께 이 길이 아닌 걸 알면서도 다른 길을 찾지 않는다. 부모도 가보지 않은 길이기 때문에 사실 방법도 잘 모른다.

초등학교 실과 시간에 집안일 돕기 같은 숙제를 내주면 아이들이 볼멘소리로 말한다. "우리 엄마가 방에 들어가서 공부나 하래요. 그게 도와주는 거래요." 일상생활 속에서 배워야 할 것을 무시한 채 공부만 한 아이가 올바른 사회인으로 성장할 수 있을까? 이런 이유로 공부를 강요당하는 아이는 행복할까? 부모의 강요에 못 이겨 가방만 들고 학원을 왔다 갔다 하는 아이도 있고, 친구랑 놀기 위해서 학원에 가는 아이도 있다. 아이가 중·고등학생인데 학원을 땡땡이 치고 pc방에 가서 잡아왔다는 엄마들이 꽤 있다. 공부에 재능이 없는 아이들로서는 학교와 학원 생활이 창살 없는 감옥 같은 느낌일 것이다. 죄수복 대신에 교복을 입고 있을 뿐이다.

사교육도 여기저기서 부추기고 난리다. 학원 셔틀버스는 특목고 진학 ○○명이라는 현수막을 두르고 다닌다. 학원 설명회에 가면 특목고의 서울대 진학률을 제시하며 특목고 진학을 부추긴다. 사교육의 현혹성 정보들과 엄마의 욕심, 불안함이 만나서 우리 아이들만 달달 볶인다. 아이도 엄마도 불행하다.

초등학생 '혼밥족'이라고 들어봤는가? 얼마 전 JTBC의 이경규 씨와 강호동 씨가 진행하는 〈한끼줍쇼〉라는 프로그램에서 목동에 간 적이 있었다. 초등학생쯤으로 보이는 학생들이 저녁시간에 학원에 갈 준비로 바빠 보였다. 맞벌이 가정의 아이는 동네 식당에서 저녁을 먹고 학원을 간다고 했다. 그러면 엄마가 나중에 식당에 가서 한꺼번에 결재를 해준단다. 요즘 혼자 밥 먹고, 혼자 술 마시고, 혼자 여행 가는 사람이 많아졌다고 하는데 어른들만 그런 게 아닌가 보다. 학원가에서는 혼자 밥을 사먹는 초등학생도 쉽게 볼 수 있다. 하루에 학원을 몇 개씩 가야 하니 학원 근처 편의점이나 패스트푸드점에서 컵라면이나 햄버거로 대충 끼니를 때우는 것이다. 초등학생 혼밥족은 '맞벌이 증가'와 '사교육 천국' 대한민국이 낳은 우울한 풍경이다. 초등학생은 10명 중 8명꼴로 사교육을 받는다. 아이들이 그 어린 나이부터 집에서 따뜻한 밥 먹을 여유도 없이 학원을 순례한다. 초등학생의 하루 평균 학습 시간이 5시간 23분이라니 4시간 10분인 대학생보다 더 길다. 우리나라 어린이의 행복도가 OECD 국가 중 가장 낮다는 건 하루 이틀 된 얘기도 아니다. 어린아이가 집 밖에서 혼자 밥을 사먹는 모습을 생각하니 마음이 아프다.

"옆집 아이도 다하고, 강남 아이들은 이미 선행을 다 끝냈다"는 말에 현혹되어 공부를 강요한다. 강남에 소아 정신과 병원이 그렇게 많은 것은 초등학교 때부터 준비하는 특목고 입시 준비 때문이 아닐까? 지금 아이들에게 아무 생각 말고 공부만 하라고 강요하고 있지는 않은지 돌아보아야 한다. 아이들은 학교 갔다가 학원 갔다가 파김치가 되어 들어온다. 졸린 눈을 비벼가며 학교 숙제와 학원 숙제를 한다. 초등학교 또래의 아이들은 공부 외에도 취미활동을 하며 뛰어놀아야 몸과 마음이 건강해진다. 우리나라 부모들은 아이들의 개성과 재능을 무시한 채 오로지 입시 공부만을 강요하고 있는 형국이다.

02.
[가정교육] 인성교육의 실종,
인성교육의 방해물

얼마 전에 부유층 2세가 구설수에 올랐다. 정유라 씨가 SNS에 "돈도 실력이야"라는 말을 올려서 국민 밉상으로 등극하고, 성난 대중의 민심에 불을 붙였다. 빈부격차가 커지고, 경제는 저성장의 늪에 빠지고, 청년실업률은 고공행진 중이라 대중의 원망과 분노를 자극하기에 충분했다. 인성교육의 실종은 한국만의 이야기는 아닌 듯하다. 미국에서도 인성교육을 제대로 시키지 못해서 심각한 사회 현상을 겪고 있다. 미국은 청소년들의 마약, 자동차 사고, 혼전 임신 문제로 골머리를 앓고 있으며, 학교에서 총을 난사해서 학우들을 죽이는 끔찍한 일들이 보도되고 있다. 한국 사회에서는 성적과 학교폭력 문제가 청소년 자살률 1위의 원인이 되기도 한다.

인성이란 무엇일까? 사전을 보면 '인성'이란 타인, 공동체, 자연과 더불어 살아가는 데 필요한 인간다운 성품과 역량이라고 정의되어 있다. 우리 사회는 핵가족화가 진행되면서 타인을 이해할 수 있는 환경이 축소되었다. 교육비가 무서워 아이도 하나나 둘밖에 안 낳기 때문에 금이야 옥이야 키워서 자기중심적인 아이들이 많아졌다. 또한 맞벌이의 증가로 아이들은 부모로부터 제대로 된 교육을 받을 기회도 상대적으로 적어졌다. 부모 입장에서는 아침 일찍 헤어져 캄캄한 밤이 되어야 아이들을 만나는데, 밥 먹이고 씻기고 숙제 봐주고 재우기도 벅차다.

아이들 인성을 위해서 밥상머리 교육이 중요하다고들 말하지만 온 가족이 함께 둘러 앉아 밥을 먹을 시간 자체가 그다지 많지 않다. 아이는 학원 스케줄 때문에 바쁘고, 아빠는 잦은 야근과 회식으로 바쁘다. 우리 집의 경우에도 주말이나 되어야 온 가족이 모여서 함께 식사할 수 있다. 상황이 이렇다 보니 인성교육은커녕 가족과 대화할 시간도 부족하다. 그래서 부모는 아이가 요즘 어떤 고민이 있는지도 모를 때가 많다. 자살하는 청소년에게 자신의 이야기를 들어줄 가족 누군가가 1명만이라도 있었다면 그런 극단적인 선택은 하지 않았을지도 모를 일이다. 가정에서 인성교육을 방해한 방해물에는 어떤 것이 있을까? 나는 3가지를 찾아보았다.

첫째, 우리나라 특유의 압축성장으로 인한 경쟁 교육을 들 수 있다

우리나라는 6.25 전쟁 후 몇십 년 만에 '한강의 기적'이라 불릴 만큼 눈부시게 발전했다. 그러나 압축성장의 그늘도 있다. 경제와 효율성의 잣대만 들이대다 보니 빈부격차는 엄청나게 커졌고, 교육의 사다리가 끊어져 개천에서 용 나기도 옛말이 되었다. '돈'을 최우선으로 여기며 '돈'도 실력이라는 생각마저 나타난다. 그동안 우리 부모 세대는 먹을 것이 부족하고 가난했던 세대였기 때문에 적자생존, 약육강식, 경쟁을 강조한 세상에서 살았다.

내가 어렸을 때 친구가 자꾸 숙제를 안 해오고 나한테 숙제를 매일 빌리고 베껴서 기분 나쁘다고 아버지께 이야기를 했더니 "친구에게 자꾸 보여주고, 빌려주고 그러면 못 쓴다. 그러면 네 성적이 떨어지는 거여"라고 말씀하셨다. 그 당시의 아버지를 이해한다. 아버지는 없는 살림에 팔 남매를 먹이고 입히고 교육시키느라 누구보다도 부지런하게 살았고, 고생한 것을 알고 있기 때문이다. 우리 부모님도 인성의 중요성을 잘 몰랐고 나 또한 인성이 뭔지 잘 모르고 자랐다. 일의 결과만 중요했다. 그렇게 자랐기 때문에 나 또한 우리 집 아이들에게 인성을 제대로 잘 가르쳐줄 수 없었다. 경쟁에서 살아남는 법, 독하게 공부하는 법에 대해서만 알았지 남과 더불어 행복해지는 법에 대해서는 잘 알지 못했다. 기쁨은 나누면 배가 되고 슬픔은 나누면 반이 된다는 말이 잘 이해되지 않았다. 그런 말들은 책에나 나오는 추상적인 이론에 불과하며 현실은 다르다고 믿었다.

경제의 논리가 우선시된 부모 세대들은 인성교육을 제대로 받지 못해서 아이들이 공공장소에서 시끄럽게 떠들며 남들에게 피해를 주어도 제재하지 않았다. 꾸짖는 어른을 만나면 아이들 기죽인다고 싫은 내색을 했다. 아이들의 '자존감'과 '기'를 혼동했던 것 같다. 인성이 무엇인지 부모들부터 인성교육을 제대로 받아야 한다. 고기도 먹어본 사람이 맛을 알고 사랑을 받아본 사람이 사랑을 베풀 줄 알듯이 인성교육을 제대로 받아본 사람이 인성교육을 제대로 시킬 수 있다. 부모들부터 인성교육의 중요성을 깨달아야 한다.

둘째, 핵가족화와 맞벌이 부부의 증가를 들 수 있다

우리는 모두 얼마나 바쁘게 살고 있는가? 밥상머리 교육이 아무리 중요하다고 해도 함께 밥 먹을 시간이 부족한 게 현실이다. 아침을 거르고 오는 아이도 있으며, 저녁은 아이 학원 스케줄 때문에 온 가족이 둘러 앉아 먹을 시간이 없다. 아이는 학원 근처 편의점에서 대충 끼니를 때우기도 한다.

우리 집만 살펴보아도 아빠는 회사에 가서 아침, 점심, 저녁을 다 먹는다. 아침과 저녁은 나와 아이들만 함께 먹는다. 만약 엄마가 회사원이라면 저녁도 함께 먹기 힘들지 모른다. 핵가족화와 맞벌이 부부의 증가로 부모와 아이가 함께 밥을 먹으며 이런저런 이야기를 나누는 시간이 부족하게 된 것도 인성교육 실종의 원인이다. 밥상머리 교육을 제대로 할 수 있기 위해서는 '저녁이 있는 삶'을 지향하는 문화 풍토가 제대로 정착되어야 할 것이다. 미국의 오바마 전 대통령은 6시 30분을 가족과의 저녁식사 시간으로 정해놓고 이 규칙을 엄격히 지킨다고 했다. 대통령으로서 공무가 바쁘니 일주일에 두 번까지는 함께하지 못할 수도 있지만 그 이상은 절대 안 된다는 게 오바마 대통령의 원칙이라고 하니 시사하는 바가 크다.

셋째, '공부' 중시 풍토다

"너는 공부만 잘하면 돼"라는 분위기가 인성교육을 방해한다. 자녀 교육은 좋은 대학을 보내면 끝난다고 생각하는 분위기 말이다. 정말 그 럴까? 명문대에 들어가기만 하면 좋은 직장이 기다리던 호시절이 끝나 가고 있는데 아직 체감을 못한 결과다. 그동안 부모는 학력고사 시험 하 나만 잘 보면 명문대학을 나와 좋은 직업을 가질 수 있었다. 그래서 우 리는 인성을 떠나 공부만 잘하면 그만이었다. 시대가 변했다. 요즘 대세 인 학생부종합전형은 아이의 학업 능력뿐만 아니라 독서, 동아리, 봉사 활동 같은 협업 능력과 자기주도성, 인성을 함께 보겠다고 한다. 공부만 잘하고 인성이 바르지 않은 아이는 교사들이 세부능력 및 특기사항을 좋게 써줄 리가 없다. 당하지 말고 때리고 오라고 가르치는 부모도 있다 는 말이 심심치 않게 들린다.

인성의 반대말은 "나만 아니면 돼. 나만 행복하면 돼"라는 말 같다. 주변 사람이 불행한데 나만 행복할 수 있을까? 세상은 유기적으로 연결 되어 있어서 옆 사람의 불행은 언젠가 나에게까지 영향을 미치게 되어 있다. 우리는 더불어 행복해야 한다. 그게 바로 '인성'이다. 같은 학교에 근무했던 한 교사는 강북에서 교사생활을 하다 강남지역으로 들어갔는 데 교사생활이 더 힘들다고 했다. "선생님, 강남 아이들은 어때요? 경 제적으로 풍족하니 배려심도 있고, 부모들 수준도 높으니 아이들이 똑 똑해서 가르치기가 더 수월하지 않아요?"라고 물었다. 그 선생님은 손 사래를 친다. "말도 마세요. 후회가 돼요. 올해 6학년을 맡았는데 아이 들이 교사를 너무 우습게 알아요. 우유도 잘 안 먹고, 하다못해 급식이 맛없다고 남기는 아이가 태반이에요. 도대체 생활지도를 제대로 할 수가 없을 지경이에요. 또 대치동 학원가 때문에 이사 오는 아이들이 많아서 학급당 인원수가 너무 많아 더 힘들어요."

강남에 있는 초등학교의 생활지도가 힘든 것은 '콩나물 교실'도 한몫한다. 서울시 교육청 자료에 따르면 서울의 공립 초등학교 560개 중 학급당 학생 수가 30명이 넘는 '콩나물시루' 학교는 모두 19개다. '콩나물시루' 10곳 중 8곳이 강남 3구인 서초, 강남, 송파구와 양천구에 몰려 있다. 서울시 전체 학급당 인원수가 23.1명임을 감안하면 학군 좋은 강남 3구는 서울 평균보다 50%가 넘는 것이다. '콩나물시루' 학급은 교사의 관심을 아이들 하나하나에 집중하기 힘들게 만든다. 교육환경 좋은 곳으로 이사 갔다가 오히려 교육환경이 나빠지지는 않았나 잘 생각해볼 일이다. 대치동, 목동, 중계동의 어린아이들은 주변 분위기와 아이 교육에 관심이 많은 부모를 만나 어려서부터 엄청난 사교육을 받는다.

중요한 것은 경제적으로 안정되어 있고, 많이 배운 부모라고 해서 인성교육을 잘하는 것은 아니라는 점이다. 오히려 사회적으로 성취를 많이 한 부모일수록 아이와 함께하는 시간이 적을 수 있다. 그에 대한 보상 심리로 아이를 황태자처럼 키우고, 부모의 빈자리를 메우느라 오히려 더 많은 시간을 학원으로 돌린다.

우리 사회가 그동안 간과해온 인성교육 부재의 폐해가 사회적 이슈들로 등장하고 있다. 갑질하는 2세들이 입방아에 오르내리자 인성교육을 제대로 시켜야겠다고 생각하는 부모들이 많아지고 있다. 그러나 인성교육이 한두 달 만에 뚝딱 얻어질 수 있는 것일까? 아이들은 함께 사는 부모의 모습을 보고 자신도 모르는 새 배운다. "아이는 부모의 등을 보고 배운다"는 말도 있다. 외식할 때 서비스하는 종업원을 하대하는 모습을 보고 자란 아이들은 자라서 똑같이 그렇게 할 것이다.

고도의 압축성장으로 인한 경쟁교육, 핵가족화와 맞벌이의 증가, 공부만을 중시하는 풍토로 인해 우리 가정에서의 인성교육은 실종되었다. 지금부터라도 우리가 그 방해물들을 치우고 인성교육을 바로잡을 때다. 지식만을 강조해 위험한 인물을 만들면 안 된다.

03.
[가정교육] 게임에 빠진 아이들

    대한민국은 맞벌이 부부가 계속 증가하는 추세다. 아빠 혼자 벌어서는 천문학적인 가격의 집을 마련하기도 힘들고, 아이들의 사교육비를 감당하기도 벅차다. 아빠들은 회사 눈치를 보며 아침 일찍 나가서 밤늦게 들어온다. 아이 얼굴 보는 시간은 정말 잠깐이다. 엄마들은 회사일 하랴 집안일 하랴 눈코 뜰 새 없이 바쁘다. 맞벌이로 경제적인 여유는 좀 더 생겼는지 몰라도 아이들은 더 외로워졌다.

    아이가 어릴 때는 직장생활을 하던 엄마도 아이가 학교에 가면 오히려 직장을 그만두기도 한다. 유치원에서는 종일반이 있었지만 학교는 1~2시 정도면 끝나기 때문이다. 그래도 요즘은 학교에서도 원하는 아이들을 대상으로 돌봄교실을 운영하고 있기 때문에 그마나 다행이다. 돌봄교실도 여의치 않은 부모들은 아이들을 방과후 학교나 태권도 학원으로, 피아노 학원으로, 영어 학원으로 돌려야 하는 실정이다. 초등학생을 집에 혼자 두기엔 불안하다.

하지만 이런 돌봄교실, 방과후 학교, 학원 등에서도 소외된 아이들도 있다. 집에 그냥 방치된 아이들이다. 아이들은 대부분 학원에 가니 동네엔 같이 놀 친구도 없다. 그런 아이들이 심심해서 빠져드는 것이 텔레비전과 스마트폰 게임이다. 우리 둘째 아이도 혼자 있으면 무섭다고 꼭 텔레비전을 틀어놓는다. 세상이 참 많이 변했다. 내가 아이를 키울 때는 애 봐주는 비디오가 있어서 비디오 증후군에 걸린 아이들이 있었는데, 요즘은 애 봐주는 스마트폰이 있어서 아이들이 스마트폰 중독에 걸린다. 요즘 젊은 엄마들 중에는 편하다는 이유로 유모차에 앉아 있는 갓난아이에게 스마트폰을 보여준다. 아이가 현란한 영상에 집중하면 엄마는 볼 일을 볼 수도 있고, 옆집 아줌마와 수다도 떨 수 있기 때문이다. 하지만 젊은 엄마들은 그 잠깐의 편리함 때문에 아이가 현란한 영상에 길들여져 나중에 검은 글씨만 가득한 책은 읽지 않는다는 것을 모른다. 나중에 후회해도 소용없다. 참 안타깝다.

그렇게 아이는 부모가 없는 집에서 스마트폰 게임에 빠져든다. 게임 하고 있는 동안에는 외롭거나 무섭다는 생각이 들지 않으니까 말이다. 그런 아이가 자라 교육이 시작되면 부모들은 공부하지 않고 스마트폰만 들여다보는 아이들을 보며 울화가 치민다. 아이가 어릴 때는 애 봐주는 스마트폰이었는데 말이다. 게임에 빠진 아들을 둔 주변 지인들의 이야기를 들어보자.

목동에 사는 선배교사가 있는데, 선배교사는 외아들을 애지중지 키우고 있다.

　"내가 우리 아들 때문에 인천에서 목동으로 이사한 거 알지? 그런데 이 녀석이 중학생이 되면서 학원에 안 가고 어디로 출근하고 있는지 알아?"

　"어디로 출근했는데?"

　"PC방. 내가 글쎄 이 녀석 잡으러 다니느라고 PC방에 얼마나 자주 드나들었는지 몰라. 내가 이러려고 목동으로 이사 온 게 아닌데."

　이번엔 같은 학교에 근무하는 동료교사의 이야기다.

　"선생님, 우리 아들 팬티만 입혀서 밖으로 내쫓았어요."

　"아니, 고등학생 아들을 그렇게 하면 어떻게 해요? 아들 인권침해 아니에요?"

　"아, 글쎄. 우리 아들이 살아계신 작은 할아버지를 돌아가시게 했어요."

　"네? 살아계신 작은 할아버지를 어떻게 돌아가시게 해요?"

　"제가 급하게 아들에게 전할 말이 있어서 학원에 전화를 했어요. 학원 선생님께 잠시 우리 아들과 통화할 수 있게 해달라고 했더니, 선생님이 깜짝 놀라시는 거예요."

　"왜요?"

　"우리 아들이 작은 할아버지가 돌아가셔서 이틀째 학원에 못 나오고 있다는 거예요."

"네? 아들은 어디 간 거예요?"

"그놈의 pc방이요. 그래서 팬티 바람으로 내쫓은 거고요. 살아계신 작은 할아버지를 팔다니, 기가 막혀서."

같은 학교에 근무하는 또 다른 동료교사의 이야기다.

"선생님, 공기계가 뭔 줄 아세요?"

"공기계요? 그게 뭐래요?"

"통신 연결이 안 된 휴대폰이요."

"공기계가 왜요?"

"요즘 중·고등학생들 사이에서 공기계를 서로 사고판다는데 왜 그런 줄 아세요?"

"글쎄요. 대부분 자기 스마트폰이 있을 텐데 왜 그렇죠?"

"부모들이 스마트폰 그만하고 자라고 하면서 스마트폰을 방 안으로 가져가지 말라고 하잖아요. 그렇게 부모들을 안심시켜 놓고, 아이들은 방에 들어가서 그 공기계로 와이파이가 연결되어 있으니 스마트폰 게임을 밤새도록 한대요."

다음은 잠실이 집인데 대치동으로 학원을 보내는 전 동료교사의 이야기다.

"우리 아들은 아침에 늦잠 자느라고 깨우기가 너무 힘들어."

"아들이 밤새 숙제하느라 피곤해서 그런 것 아니에요?"

"아니, 학원은 10시면 끝나는데 갔다 와서 숙제하면 12시, 그다

음엔 스트레스 푼다고 게임을 2시까지 하고 자. 그래서 아침에 일어
나는 것을 힘들어해."

중학생이 되어 중계동으로 학원을 보낸 동네 아는 엄마의 이야
기다.
"어머니, ○○이 중계동으로 학원 잘 다니고 있어요?"
"선생님, ○○이 중계동 학원 끊었어요."
"아니, 왜요? ○○이 6학년 2학기 때부터 수업 마치고 학원 셔틀
버스 타고 다니지 않았어요? 길에서 자주 만났는데."
"맞아요. 그 셔틀이 문제였어요. 저희 동네에서 중계동까지 셔틀
버스를 1시간 동안 타고 가잖아요? 아이가 어느 날부터 게임 이야기
를 많이 하면서 게임을 하고 싶어 했어요. 알고 보니 셔틀을 타는 왕
복 2시간 동안 친구들에게 스마트폰 게임을 배워왔더라고요."

다음은 중학생이 되어 중계동으로 학원을 보낸 또 한 명의 동네
아는 엄마의 이야기다.
"어머니, ○○이 공부 열심히 하고 있어요?"
"선생님, 웬걸요. 우리 ○○이 공부 포기했어요."
"네? 그게 무슨 말씀이세요?"
"우리 ○○이를 중계동 대형학원에 보냈잖아요. 학원에선 아이
들 실력을 테스트해서 특목반으로 나누더라고요. 우리 ○○이도 특
목반이 되었어요."

"그런데요? 특목반이 돼서 무슨 문제가 있었어요?"

"학원 수업은 10시에 끝나는데, 그 이후에 아이들을 1시까지 독서실에서 자습을 시키더라고요. 자습은 선택사항이었는데 아이가 좀 하더니 부작용인지 학원을 때려치우고, 게임에만 열중이네요. 주말에는 10시간이나 해요. 게임 때문에 아들과 자꾸 다투느니 차라리 욕심을 내려놓으려고요."

이렇듯 아들 가진 엄마들이 여기저기서 게임 때문에 미치겠다고 난리다. 도대체 아들들이 이토록 게임에 빠져드는 원인은 무엇일까? 게임 전문가의 말에 의하면 남자들의 DNA에는 사냥 본능이 들어 있는데 게임은 그 욕구를 충족시킨다고 한다. 전략과 전술이 있고 하나하나 올라가는 레벨업의 재미도 있어서 한번 맛들이면 빠져나올 수 없다는 것이다. 게임 속에는 그 모든 사냥의 요소들이 적재적소에 들어 있다. 현대는 디지털 시대다. 나가서 놀려고 해도 밖에 같이 놀 아이들이 없다. 본능을 충족시키느라 게임에 빠질 수밖에 없는 남자들이 불쌍하기도 하다. 초등학교에 들어가면서부터는 놀이터에서 노는 아이들이 거의 없다. 유치원 아이들뿐이다. 초등학교 때부터 아이들의 학원 순례가 시작되기 때문이다. 학원 순례와 게임 문제의 고리는 닭이 먼저인지 달걀이 먼저인지 알 수 없을 만큼 밀접하다.

다음은 우리 집 둘째 아들의 게임 이야기다. 나 또한 이 문제에서 자유롭지 못했다. 둘째 아이에게는 초등학교 4학년까지 축구 선수가 되겠다는 꿈이 있었다. 4학년 겨울방학은 아이의 진로에 대해 진지하게 생각해볼 시기였다. 부모인 우리와 둘째 아이는 의논 끝에 축구는 직업보다는 취미로 하자는 결론에 합의했다. 사실 우리 부부는 아이가 축구 선수라는 꿈을 그렇게 절실하게 느끼고 있다고 생각하지 않았고, 우리 아이가 축구에 엄청난 재능을 갖고 있다고도 생각하지 않았기 때문이다.

꿈이 사라진 아이는 무기력해졌다. 겨울방학 내내 밖에도 나가지 않고 TV와 컴퓨터 게임 속으로 빠져들기 시작했다. 처음에는 혼자 하는 게임을 하더니 얼마 안 가 친구들과 시간 약속을 정해서 온라인상에서 함께하는 게임을 했다. 문제는 게임하기 전의 기분 상태와 게임이 끝난 후의 기분 상태가 확연히 달라지는 것이었다. 하루에 컴퓨터 게임을 1시간만 하도록 허락했는데, 게임하기 전에는 갖은 애교로 엄마를 살살 녹여 시작하고는 끝난 후에는 언제 그랬냐는 듯 180도로 변해 짜증을 부렸다. 숙제하라고 해도 짜증을 내고 해야 할 일도 건성이다. 숙제도 대강대강, 책 읽기도 읽는 둥 마는 둥 하기에 아예 컴퓨터와 텔레비전 없이 살아보기를 선언하고 온 가족이 그렇게 한 달 동안 살아본 적도 있다. 하지만 오래가지 못했다. 둘째 아이는 웃음을 잃어버리고 점점 더 무기력해졌기 때문이다.

게임은 공부와 학원으로 내몰린 아이들의 도피처다. 놀고 싶어도 친구들이 모두 학원 스케줄에 바빠서 같이 놀 친구가 없는 외로운 아이들, 친구를 만나기 위해 학원에라도 가야 하는 아이들이다. 맞벌이의 증가로 요즘 학원은 보육 기능까지 담당하게 되었는데, 새장 같은 시설에 갇힌 아이들은 이제 스트레스를 풀 수 있는 곳이 없어졌다. 옛날 같으면 동네에서 깜깜해질 때까지 뛰어놀았을 아이들이 두 손과 두 발이 책상에 묶인 채 죄수처럼 공부만 강요당하고 있다. 아이들이 숨 쉴 곳이 필요한데, 그게 손바닥만 한 게임 속 세상이라니 마음이 아프다. 10년 전 일본에 갔을 때 아파트 놀이터에 아이들이 하나도 안 보여서 이상했는데 어느새 우리나라가 그 모습을 닮아가고 있었다. 집 안에 틀어박혀 컴퓨터 게임과 야동에 빠진 일본 젊은이들이 생각났다.

실제로 예전에 내가 근무했던 학교와 인근 학교에서도 야동 때문에 큰 소란이 있었다. 부모님은 맞벌이여서 아침 일찍 나가 저녁 늦게 들어왔다. 학기 중에는 그래도 아이가 학교에서 보내는 시간이 많기 때문에 크게 문제가 되지 않았다. 그러나 방학 때가 문제였다. 하루 온종일 방치된 아이는 학원도 가지 않고 컴퓨터하고만 지냈는지 인터넷 서핑을 하다가 야동을 보게 되었나 보다. 방학이 끝나고 2학기가 되자 아이가 학교에 왔는데 선생님이 걱정을 했다.

"선생님, 우리 ○○이 있잖아요. 눈빛이 풀려 있어요. 방학 동안에 컴퓨터를 너무 많이 한 것 같아요. 수업 시간에 성 이야기만 나오면 키득거리며 이야기를 이상한 방향으로 몰고 가요. 그런데 더 문제는 그 이상야릇한 말들이 우리 반에 독버섯처럼 퍼지고 있다는 거예요. 오늘은 우리 반 여자아이가 남자아이가 놀리는 말에 속상해서 울었어요."

인근에 있는 학교에서도 이와 비슷한 일이 있었다. 방학 동안에 야동에 심취해 있던 남학생이 개학하고 나서 넘치는 호기심을 이기지 못해 자기 반 여자 친구에게 나쁜 행동을 하려고 했던 일이 발각되어 큰 문제가 되기도 했었다. 컴퓨터 게임에 이어 야동 문제도 적지 않다.

학교에서는 공부로 등수를 매기고, 재미없는 공부를 강요하며, 집에서는 학원 가기를 강요당하고, 같이 놀 친구들이 없어 학원에 가야만 친구를 만날 수 있는 이 악순환의 고리 때문에 아이들은 점점 더 무기력해지고 현실을 회피하는 수단으로 스마트폰의 가상세계에 빠져든다. 특히나 부모가 밖으로 일 나가고 집에 혼자 있는 외로운 아이들은 아무 생각 없이 현실 세계를 잊고자 풀린 눈으로 좀비처럼 게임 속을 허우적댄다. 어른인 우리들이 이 아이들을 어떻게 구할 수 있을지 고민이 필요한 시점이다.

04.
[학교교육] 공부 재능을 우선하는 학교

    학교는 언제부터 생겼을까? 우리나라는 옛날부터 서당이 있었지만 오늘날 형태의 학교가 생긴 지는 100년쯤 되었다. 우리 부모님 세대는 콩나물 같은 교실에서 수업을 받았다고 한다. 한 반에 60~70명이 있기도 했고, 교실이 부족하여 오전, 오후 2부제를 실시하기도 했다. 체벌과 치맛바람이 학교에 존재했었다. 학교는 산업화 사회에 필요한 일꾼들을 충당하기 위해 공장에서 똑같은 물건을 찍어내듯 한 가지 정답만을 강요하며 말 잘 듣는 일꾼들을 길러냈다. 그 당시에는 그게 최선의 교육이었다. 그러한 교육마저 받지 못하는 아이들이 있었으며, 학교에서 공부 잘하면 좋은 대학에 진학하고 좋은 일자리가 보장되던 시절이었다. 그러나 산업화 시대의 일등 공신으로 주목받았던 일방통행의 강의식 교육이 이제 구시대의 유물로 대접받고 있다.

그러나 나는 그런 교육을 받으며 성장했고, 무작정 반복하고 외우는 입시 공부 끝에 대학생이 되었다. 진짜 공부에 대해 무지했던 나는 대학교 4학년 때 다시 1년 동안 죽어라고 임용고시를 준비했고, 교사가 된 후에도 그렇게 증오하던 입시 공부를 아이들에게 똑같이 강요하고 있다. '독서'라는 양념을 조금 가미했다고 할까?

"선생님, 저는 꿈이 없어요."라고 말하면 "그럴수록 공부를 열심히 해야 해. 네가 꿈을 찾았을 때 공부가 너의 발목을 잡지 않도록 말야. 꿈은 나중에 찾을 수도 있으니 딴생각 말고 공부나 열심히 해."라고 대답했다. 내가 공부해온 방법 그대로 아이들을 공부시켰다. '자기주도 학습'이라는 이름으로 학기 초에 아이들에게 국·수·사·과 문제집을 사게 해서 학교 진도에 맞게 풀게 했다. 단원이 끝나면 단원평가를 항상 보았으며 중간고사와 기말고사까지 열심히 보게 했다. 거기다 2008년도부터는 수행평가까지 더해져서 아이들은 평가의 나날을 보내게 되었고, 시험이 너무 많다고 아우성이었다. 하지만 내가 누구인가? 한 '성실'로 살아온 초등교사 아니던가? 그렇게 살아왔기 때문에 교사가 되지 않았나? 시험이 너무 많아 죽겠다는 아이들의 아우성에 눈 하나 꿈쩍하지 않고 내 학생들이 열심히 공부할 수 있도록 독려했다. 아이들이 열심히 공부하도록 독려하는 교사가 책임감 있고 능력 있는 교사라고 생각했다. 모두 너희들의 미래를 위한 일이니 조금만 참고 나중에 대학 가서 열심히 놀라고.

나는 참으로 열정적인 교사였다. 중간고사와 기말고사 시험을 보면 각 과목별 평균과 아이 점수를 엑셀로 만들어서 우리 아이 성적이 학급

평균과 비교해 어느 정도의 위치에 있는지 부모님들이 쉽게 알 수 있도록 안내했다. 지나치게 친절한 교사였다. 내 아이의 성적표를 보며 억장이 무너졌을 부모들을 생각하면 너무 부끄럽고 죄송하다. 그 당시에는 그렇게 하는 것이 교사의 의무라고 생각했다. 아이들이 중간고사와 기말고사를 보고 나면 몇 반에서 올백이 나왔는지 소문이 돌았으며, 반평균이 은근히 신경 쓰이기도 했다.

평가의 목적이 무엇인가? 아이가 알고 있는 것과 모르는 것을 분별해서 모르는 문제를 알도록 피드백해주는 것이 아닌가? 하지만 나는 은근히 아이들을 성적으로 줄을 세우고 있었던 것이다. 반 등수는 내지 않았지만 아이들 중에는 자기가 몇 등인지 알고 싶다는 아이도 있었다. 그동안 살아오면서 진정한 교육의 본질에 대해 단 한 번도 진지하게 고민해본 적이 없다. 공부는 출세의 수단이자 도구로 알고 있었고, 우물 안 학교에 갇혀서 사회 변화를 감지하지 못하고 내가 살아온 대로만 살아가라고 아이들을 강요하고 있었다.

얼마 전부터 초등학교에서 일제고사인 중간고사와 기말고사가 폐지된 것은 무척 다행이라는 생각이다. 3일 전에 벼락치기로 외워서 시험보고 나면 대부분 까먹어버리는 그런 시험은 무의미하다. 아이들을 배움의 즐거움에서 더욱 멀어지게 만드는 게 일제고사다. 일제고사야말로 아이들을 성적만으로 한 줄을 세우는 일의 원흉이다. 초등학교에서 반 평균을 내고, 전교 1등을 찾고, 친구와 점수 경쟁을 하는 것은 무의미할 뿐만 아니라 오히려 해롭다. 과도한 문제풀이는 아이들이 공부를 지겨운 것이라고 생각하게 만들고, 공부 못하는 아이를 낙인찍기 때문이다. 우리나라 학생들이 학업 성취 결과는 높지만, 학습에 대한 흥미도가 낮은 이유이기도 하다. 아이들의 교과 공부는 중간, 기말고사 없이 단원평가와 수행평가만으로도 충분하다. 내 경우 초등학교에서 어느 정도의 튼튼한 기초지식은 필요하다는 판단하에 국·수·사·과 교과는 단원평가를 보고 있다. 단원평가를 통해서 기초지식을 묻고, 수행평가를 통해서 아이들의 자유로운 생각과 표현, 협동심과 배려, 탐구심과 호기심, 실생활 적용 능력, 건강한 정신과 신체활동을 평가하고 있다. 2015 개정교육과정은 과정 중심의 평가를 지향하기에 순차적으로 적용되면 앞으로 단원평가마저 안 보게 될 확률도 크다.

내가 가르쳤던 10년 전의 제자는 선생님이 하라는 대로 초·중·고 12년 동안 꾹 참고 공부해서 명문대에 진학했지만 일자리에 대한 미래가 불안하다고 걱정한다. 4차 산업혁명에 대해서 이야기하는 이제는 머릿속에 구겨 넣은 지식의 양으로 아이들을 줄 세우는 일은 그만두어야 할 때다. 자율성, 다양성, 창의성의 시대를 맞이하여 공부 잘하는 재능은 재능 중 하나로 인정해주면 된다. 학교 공부는 대부분 언어와 논리수학적 지능이 우수한 아이들에게 유리하다. 학교에서 공부 잘하는 아이들은 학자 유형의 아이들이다. 모든 아이들을 학자로 키울 필요가 있을까? 다양성의 사회가 도래한 지금, 학교는 공부 재능 이외에도 아이들이 자기만의 재능과 빛깔을 찾아 사회에서 의미 있는 일을 스스로 찾아 할 수 있도록 인정하고 격려해야 한다.

그리스 로마 신화에는 프로크루스테스라는 악당이 나온다. '잡아 늘이는 자'란 뜻의 이름을 가진 그는 포세이돈의 아들로 아테네 인근 케

피소스 강가에서 살았다. 이곳에 여인숙을 차려놓고 손님이 들어오면 집 안에 있는 쇠 침대에 눕혔다. 키가 큰 사람에게는 작은 침대를 내주고 작은 사람에게는 큰 침대를 내주면서 키가 침대에 맞지 않는다는 이유로 사람들을 죽였다.

학교에서 교사들이 아이들을 대할 때 공부라는 유일한 잣대로 아이들을 재단하고 있지는 않은지 나부터 돌아볼 때다. 이제 프로크루스테스의 침대는 아이들이 살아가고 일자리를 얻는 데 큰 도움이 안 된다. 그런 면에서 교육 평가는 대단히 중요하다. 평가 방향이 어떻게 세워지느냐에 따라 교육의 내용도 변하기 때문이다. 20세기 교사인 내가 21세기 아이들을 내 틀에 가두어 키우고 있는 모습에 몹시 부끄러웠다.

공부 재능만으로 한 줄을 세우는 것만큼이나 초등학교에서 정답 찾기 주입식 교육을 하는 것이 오래된 전통이었다. 맡은 학교 업무를 처리하느라 수업 준비를 제대로 하지 못한 교사는 교사 위주의 강의식 수업을 한다. 아이들의 창의성을 이끌어내는 수업을 하려면 교사도 아이들에게 어떻게 밥상을 차려낼지 고민할 시간이 필요하다. 에피타이저는 어떤 재료를 투입하고, 메인 요리는 어떤 학습 방법을 적용하는 게 적당할지, 디저트는 어떤 종류를 내야 할지 고민해야 한다. 아이들이라는 손님을 우리 교실에 초대했으면 오늘 하루 어떻게 맛있는 요리를 대접할지 최소한 하루 전까지는 고민이 끝나 있어야 한다. 그러나 현실은 공문 처리다, 회의다 해서 이리 뛰고 저리 뛰다 보면 퇴근할 시간이 된다. 내일 가르칠 내용을 제대로 보지 못하고 교사들은 다시 집으로 출근할 수밖에 없다. 과한 업무를 맡았을 경우에는 집으로 일을 싸가기도 하며,

다음날 쉬는 시간 10분 전에서야 교과서를 후루룩 보고 대강 가르치기도 한다. 주입식 수업의 낡은 옷을 벗고, 창의적인 수업을 연구하고 준비하기 위해서는 학교의 행정업무 터널에서 빠져나와야 한다.

그나마 다행인 것은 교육방법에 관심 있는 교사들이 주입식 교육의 대안으로 토론식 수업과 협동학습, 거꾸로 수업, 문제해결 학습과 유대인의 하브루타 교육 같은 질문과 대화가 있는 학생 참여형 수업에 대해 다양한 시도들을 하고 있다는 점이다. 그러한 시도들은 분명히 의미가 있고 학생들에게 유익하다. 배움의 즐거움, 참맛을 알게 한다. 교사는 사회 변화에 발맞추어 성적으로 한 줄 세우기 교육을 그만 두어야 한다. 아이들에게 떠먹여주는 재미없는 주입식 수업에서 벗어나 어떻게 하면 아이들의 지적 호기심과 흥미를 살려 진정한 배움의 즐거움을 느끼게 하고 아이들의 삶을 변화시킬 것인지를 고민해야 할 때다. 배움의 주체는 교사가 아닌, 학생이어야 한다. 교사인 나부터 낡은 옷을 벗어버리자.

05.
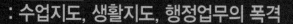
[학교교육] 바쁜 교사들
: 수업지도, 생활지도, 행정업무의 폭격

　곳간에서 인심난다는 말이 있다. 곳간이 그득해야 남에게 나누고 베풀 수 있다는 말이다. 교사도 그렇다. 자기 마음에 여유가 있고 행복한 교사가 아이들의 마음을 어루만지며 따뜻하게 대할 수 있다. 하지만 지금의 학교는 어떤가? 학교 밖에 있는 학부모들과 일반인들은 교사가 수업만 하는 줄 안다. 나 역시 교대에 다닐 때만 해도 교사는 열심히 학생들을 가르치기만 하면 되는 줄 알았다. 천만의 말씀이다. 수업은 교사가 할 일의 극히 일부일 뿐이다. 현재 교사들은 아이들 수업지도, 생활지도, 행정업무라는 삼중고를 겪고 있다.

　내가 교직 생활을 처음 시작할 때만 해도 아이들 수업지도와 생활지도가 대부분이었다. 그때는 아이들을 보내고 동 학년 선생님들과 모여 차를 마시며 담소와 정보를 나눌 수 있는 시간적 여유가 있었다. 하지만 사회 변화와 맞물려 교단 선진화 사업의 일환으로 컴퓨터가 학교에 들어오면서 처리해야 할 업무량은 몇 배로 증가하였다. 세월이 흘러 맞벌이 부부가 늘어나면서 안전, 돌봄, 방과후 학습 등 사회에서 학교에 바라는 일들이 많아지면서 교육청은 각종 공문들을 학교에 쏟아붓기 시작했다. 수많은 공문과 학교에서 벌이는 각종 사업들을 교사들이 나누어 처리하게 되었다. 잘 모르는 사람들은 학교에 행정실이 있지 않냐고 묻는다. 학교 행정 공무원은 몇 명 되지도 않고 행정실은 행정실 나름대로 교사 월급과 학교 시설 관리 등에 관련된 많은 업무가 있다.

교사가 교실에서 아이들을 바라보며 수업하기보다 컴퓨터를 바라보는 시간들이 많아졌다. 교사는 교실에 들어서자마자 컴퓨터를 켜고 오늘 할 일에 대한 공지사항을 읽고 공문을 확인한다. 해야 할 일을 제때 하지 않으면 동 학년 선생님에게 피해를 주고, 시간이 많이 걸리는 공문이라도 있으면 시간계획을 잘 세워 교과전담시간을 잘 활용해야 제시간에 퇴근할 수 있다. '교사도 회사원들처럼 야근하면 되지 않을까?' 하는 생각을 할 수도 있다.

간혹 일이 많은 교사는 초과 근무를 하기도 한다. 하지만 서울 시내 초등학교 교사 중 80%는 여교사다. 여교사는 제시간에 퇴근하지 못하면 자신의 아이를 맡겨놓은 유치원선생님에게 민폐를 끼칠 수 있고, 자신의 아이들이 집에서 밥을 굶고 있을 수도 있다. 그래서 되도록 칼퇴근을 하기 위해 근무시간에 숨도 안 쉬고 일하고, 차 마실 시간도 아까워한다. 당장 내일까지 보고해야 하는 공문이라도 있으면 집에 싸들고 온다. 성 역할의 변화가 있기는 하지만 아직도 아이들 육아와 교육은 엄마가 주로 담당하고 있는 게 현실이다.

수업을 하고, 아이들 생활지도를 하고, 교육청에서 쏟아내는 수많은 공문들을 읽고 시행하고 보고하느라 교사의 본업이 무엇인지 헷갈리기 시작했다. 교사들 사이에서는 농담으로 행정업무 하는 틈틈이 아이들을 가르친다는 말이 나돌 지경이었다. 교사는 아이들을 가르치는 사람인가? 행정업무를 하는 사람인가? 신이 아닌 이상 정해진 시간 안에 두 마리 토끼를 잡기는 어렵다. 학교 행정업무는 가짓수도 많고 개수도 많아서 규모가 작은 학교는 교사가 1인 4역, 5역을 해야 한다. 규모가 작은 학교에 발령이 나면 발령받은 학교에 울며 간다는 말도 있다. 교사가 학교 행정업무로 바쁘면 아이들이 하나하나 개인으로 보이지 않고 덩어리로 보인다. 나도 그런 경험이 있다. 급하게 오늘 안에 보고해야 하는 공문이 오면 머릿속이 복잡해지고 아이들 수업에 집중이 되지 않는다. 떠드는 아이들 때문에 짜증이 나기도 한다.

초등 교사는 한시도 눈을 뗄 수 없는 아이들을 맡고 있는데 업무 강도가 센 행정업무까지 맡으면 아이들에게 소홀할 수밖에 없다. 아이들에게도 너무 미안하다. 그래서 2월이 되면 학교는 교사들 학년 배정과 업무 배정으로 민감하고 예민해진다. 교감, 교장이 되려면 부장 경력 점수가 필요함에도 불구하고 서로 부장교사를 안 하려고 난리다. 특히 특수부장교사들은 평교사보다 행정업무가 많기 때문이다. 그래서 학기 초 학부모들은 아이가 부장교사 반이 안 되기를 은근히 바라기도 한다. 상황이 이렇다 보니 학교에서는 학교 행정업무를 해줄 교사들이 절실해졌다. 부장교사 기피현상이 계속되다 보니 교육청에서는 교사들 전

출에 부장 경력을 반영하여 집 가까운 곳에 발령을 내주는 방법으로 유인책을 쓰기 시작했다.

그러자 학교에서는 주객이 전도되어 아이들에게 관심을 갖고 수업을 잘하면서 생활지도에 신경 쓰는 교사보다 학교 행정업무를 잘하는 교사가 교장, 교감에게 인정받게 되었으며, 그런 교사들이 승진을 향해 달려갔다. 교장은 교육청에게 잘 보여야 평가점수를 잘 받는데, 교장에게는 교육청 업무를 담당해줄 교사가 필요했기 때문이다. 교장, 교감의 입장에서 보면 난감할 법도 하다. 교육청에서 내려보내는 학교일을 할 사람은 필요한데, 교사들은 성과급이나 부장 수당도 마다하며 서로 안 하려고 한다. 마음이 답답했는지 한 교감 선생님은 이런 말씀을 하셨다.

"선생님들은 반에서 아이들을 가르치는 일만 교육으로 아는 것 같아요. 그 밖의 학교일도 모두 교육인데."

물론 일리가 있다. 그러나 교사들이 부장이나 업무 강도가 센 행정업무를 안 맡으려고 하는 이유는 편하게 살고자 하는 이기적인 마음 때문이 아니다. 교장, 교감은 교육청과의 관계가 중요하겠지만 교사는 하루 종일 함께 생활하는 아이들과의 관계가 중요하다. 업무 때문에 아이들에게 소홀해지면 미안해지고 교사로서의 죄책감에 시달린다. 교사가 행정업무로 바빠서 이리 뛰고 저리 뛰며 동분서주하면 아이들이 사고가 날 가능성도 그만큼 높아진다. 교장, 교감이 싫어하는 학부모 민원이 들어올 가능성 역시 그만큼 높아질 것이다. 교사는 사람이지 슈퍼맨이 아니다. 그걸 먼저 인정하고, 다른 해법을 찾아야 한다. 특히 초등교사는 아이들 안전사고 위험 때문에 쉬는 시간, 점심시간에도 화장실 갈 때를 제외하고는 항상 아이들과 함께한다. 아이들과 함께 바쁘게 생활하다 보면 화장실 가는 시간도 놓쳐서 방광염으로 고생하는 경우도 있다. 교사의 일은 학교에 등교하는 순간부터 시작되기 때문에 아이들을 집으로 보내고 나면 시간이 얼마 남지 않는다. 1~2학년 저학년 교사라면 아이들을 보낸 후 2시부터 4시 40분까지 아이들 숙제검사, 시험지 채점과 교재연구, 행정업무를 해야 할 것이고, 3~6학년 고학년 교사라면 교과전담시간 틈틈이 숙제검사, 시험지 채점을 하고 아이들을 보내고 난 후 3시부터 4시 40분까지 교재 연구와 행정업무를 해야 할 것이다. 고작 1시간 40분밖에 남지 않는데, 이 귀한 시간을 각종 회의와 학교 행정업무를 처리하는 데 써야 할 때가 많다. 그러면 교재 연구 시간은 사라지게 되고 교사는 다음날 가르칠 준비를 하지 못한 채 아이들을 맞게 되는 것이다.

학교에 행정업무가 나날이 늘어나면서 나는 교사라는 직업에 의문이 들었다. '오늘날 훌륭한 교사는 수업도 잘하고, 아이들 생활지도도 잘하고, 학교 업무도 거뜬히 해내는 슈퍼우먼 같은 사람인가? 학교에서 요구하는 수많은 종류의 행정 일을 모두 담당하면서 아이들의 성장에 도움을 주는 페스탈로찌나 설리번 같은 좋은 교사가 될 수 있을까?' 아무리 생각해도 그건 아니었다. 그건 신이었다. 슈퍼우먼이 아니고는 도저히 할 수 없었다. 단 하나 가능한 방법은 개인적인 가정을 포기하는 것이다. 결혼을 포기하고 아이 낳기를 포기해야 한다. 그래서인지 몰라도 초등학교에 골드미스 교사들이 많다.

아이들을 가르치는 일과 행정업무를 동시에 잘하기는 힘들다. 몇 년 전부터 교사들의 아우성 끝에 파견된 학교 행정사와 실무사, 2명 가지고는 어림도 없다. 교감과 교무부장의 일을 조금 도와줄 뿐이다. 교사들이 수업지도와 생활지도에 집중할 수 있도록 행정업무 보조사를 늘리는 게 가장 이상적이다. 청년실업률이 하늘을 찌르는데 젊은이들을 행정업무 보조사로 많이 채용해줬으면 좋겠다. 청년취업률도 높아지고 교사도 행정업무에서 벗어나 수업에 집중할 수 있도록 한다면 지금보다 공교육의 질이 10배쯤 높아질 것이다.

현재의 시스템에서는 울며 겨자 먹기로 '교원 업무 정상화'를 내걸고 교사가 수업과 생활지도에 전념할 수 있도록 교사 몇 명이 학교 업무 전담팀을 꾸리도록 장려하고 있다. 학교에 행정업무 전담 인력을 배치하려면 국가의 세금이 많이 들어가기 때문이다. 이 방법도 문제인 것이 학교 업무 전담팀에 들어가기를 원하는 교사가 많지 않다. 그 팀에 들어간 교사는 자신이 교사인지 행정공무원인지 헷갈린다고들 말한다.

학교가 교육청이 진행하는 사업을 다 가져와서 그 예산을 학교에 쓰면 아이들 교육에 이로울까? 해로울까? 되도록 돈을 많이 써서 사업을 벌이면 아이들 교육에 이로울 것 같지만 전혀 그렇지 않다. 그 모든 사업의 집행자는 교장도 교감도 행정실 직원도 아니다. 사업의 집행자는 대부분 교사들이다. 사업에는 계획서와 보고서가 들어가야 하고, 물건을 사고, 강사 월급을 주는 등 여러 가지 잡다한 일들이 있다. 교사는 아이들을 하교시킨 후 교재 연구 대신 사업비 집행과 관련된 예산을 두들기고, 각종 회의에 참석하거나, 보고 기안을 올리고 있다. 급할 때는 수업 시간에 아이들에게 자습을 시키고 그런 일들을 하고 있을지도 모른다.

그래서 무작정 사업을 벌이기보다는 학교 나름의 선택과 집중이 필요하다. 아이들 성장에 도움이 되는 꼭 필요한 사업 이외에는 가지치기가 필요하다. 그 가지는 누가 칠까? 학교장과 교사들이 함께 의논하여 과감하게 선택하고 아이를 가르치는 일에 전념할 수 있도록 해야 한다. 그래서 최고 책임자인 학교장의 교육철학과 신념, 그리고 나 같은 평교사들의 교육과정 참여와 의사소통이 매우 중요하다.

　학부모들의 바람은 한 가지다. 아이가 학교에 가는 것이 즐겁도록 교사가 아이의 마음을 잘 보듬어주며, 질 높은 학교 수업과 자신의 관심 분야의 적성과 재능을 갈고닦을 수 있는 알찬 방과후 학교 수업들로 학교교육이 채워졌으면 하는 것이다. 현재의 학교 시스템은 부모들의 바람과 거리가 멀다. 교사들이 수업지도, 생활지도, 행정업무의 깊은 터널에 빠져서 허우적대며 빠져나오지 못한 채 고전 중이다. 교육부는 교사들의 행정업무에 대해, 학교장과 교사는 학교 시스템과 학교의 선택과 집중에 대해 고민이 필요한 시점이다.

06.
[학교교육] 교사 권위의 추락과
학부모 요구의 역습

교사와 학생과 학부모는 어떤 사이일까? 교사와 학생과 학부모는 교육의 3주체이다. 그렇다면 교사와 학부모는 1년 동안 같이 합심해서 학생을 올바른 방향으로 잘 지도해야 하는 파트너 관계여야 하지 않을까? 아이들은 아직 미성숙한 존재이지만 꽃으로라도 때려서는 안 되는 소중한 존재다. 그러나 교사가 아이의 인권을 존중하듯이 아이도 학부모도 교사의 교권을 서로 존중해야 하는 사회가 되어야 한다. 교사와 학부모는 요구하고 요구받는 관계가 아니라 아이를 성장하고 발달시키는 파트너 관계여야 한다.

내가 처음 교사를 시작했던 20년 전의 모습으로 돌아가 보면 학부모는 자식을 맡긴 죄인이었고, 교사는 교실 안에서 무소불위의 막강한 권력을 가진 사람이었다. 우리 자식의 '기'를 죽일 수도 있고 살릴 수도 있는 위치에 있기 때문에 학부모들은 자기 자식을 잘 봐달라고 돈봉투와 선물 등을 바치고, 치맛바람을 날리며 학교를 드나들던 시절이었다. 새내기 교사 시절에 나는 학부모의 그런 마음도 모른 채 감사한 마음을 표현한 것이라는 어처구니없는 생각을 했었다. 내가 부모가 되어 보고서야 그 마음의 실체를 알게 되었다. 내가 아는 젊은 후배는 지갑 선물 안에 돈이 들어 있어서 지갑은 갖고 돈만 돌려주었다고 한다. 그게 불과 10년 전의 일이다. 그만큼 교사는 관행에 젖어 있었고, 공직자 청렴에 대한 인식이 부족했었다.

학부모들은 어떠했을까? 교사가 아무것도 필요 없다고 말해도 마음대로 미루어 해석했다. 아이에게 조금만 무슨 일이 생겨도 내가 촌지를 안 줘서 차별을 받으면 어쩌나 하는 불안한 마음에 이런저런 선물들을 하기도 했다. 촌지는 원래 마음이 담긴 작은 선물이란 뜻이다. 20년 전 교생 실습을 끝내고 아이들과 헤어질 때 아이들은 모두 내게 선물을 주었다. 손수건, 편지, 꽃 같은 작고 소소한 것들이었다. 그런데 그 촌지라는 것이 언제부턴가 선물에서 상품권으로 진화하더니 급기야는 현금으로 변질되었다. 몇 년 전에 강남과 분당 같은 잘 사는 부자 동네에 위치한 학교의 한 여교사가 학부모로부터 명품백을 선물 받아 논란이 일기도 했다.

그러나 세월은 흘러 흘러 지금은 교사와 학부모의 관계가 역전되었다고 해도 과언이 아니다. 갑과 을의 관계가 바뀌었다. 우리나라가 선진국으로 진입하면서 사회 변화에 맞물려 교사들에게도 공직자의 청렴에 대한 요구가 거세지고, 뇌물을 받으면 처벌받을 각오를 해야 하는 사회가 되었다. 김영란법 이전에도 학교는 이미 깨끗해지고 정화되고 있었다. 교사와 학부모의 관계가 안 주고 안 받는 깨끗한 것이 되어 오히려 반가웠다. 서로가 만날 때 떳떳할 수 있기 때문이다. 그러나 그런 기쁨도 잠시, 이제는 뇌물 걱정은커녕 학교에 시도 때도 없이 민원을 제기해서 여간 골치 아픈 게 아니다. 교사에게 민원을 제기하는 게 아니라 이제는 교장실로, 교육청으로 직접 민원을 제기한다. 아이 말만 듣고 교장실로, 교육청으로 민원을 제기하는 것은 문제가 있다. 먼저 사실 확인이 필수다. 시급을 다투는 일이 아니면 담임교사에게 사실을 확인한 후 민원을 제기해도 늦지 않다. 아이는 어리기 때문에 시야가 좁아서 자기식대로 해석하고 오해한 부분이 있을 수도 있기 때문이다.

아이와 아이가 싸워도 담임교사에게 민원을 제기한다. 내 친구는 방과후 교실에서 있었던 아이들 간의 왕따 사건을 담임인 자신이 처리해야 해서 엄청나게 스트레스를 받았다고 했다. 또 다른 학교에서는 아이의 인권을 무시했거나 학급경영 능력에 문제가 있다는 학부모의 요구로 담임을 교체하는 상황에 이르렀다며 교직 생활을 하기가 무섭다는 얘기도 들린다. 물론 교사 자질이 의심스러운 교사가 있을 수는 있다. 그런 교사들은 이제 학부모의 민원 때문에 학교에서 살아남을 수 없게 되었다. 담임 교체 사건은 이제 여기저기에서 빈번하게 발생하고 있다. SNS의 발달로 학부모들끼리 서로 정보를 주고받고 의견을 모으기가 매우 쉬워졌다. 심지어는 SNS를 통해 학부모끼리 서로 아이들 문제로 싸우는 경우도 있어서 학교 측에서는 반 단톡방을 권장하지 않는다.

얼마 전에 교사로 있는 친구와 수다를 떨다가 친구 딸이 영리해 보여서 교사를 시키면 어떻겠냐고 물어본 적이 있었다. 그 친구는 손사래를 치며 불만을 말하기 시작했다.

"아니, 지금 같아서는 절대 시키고 싶지 않아. 요즘 학부모들 요구 때문에 미치겠다. 핸드폰이 수시로 울리고, 급한 내용이 아닌데도 주말에도 핸드폰으로 전화해. 교사는 사생활도 없다고 생각하는 것 같아."

"요즘 맞벌이 증가로 일하는 부모가 알림장을 직장에서 미리 볼 수 있게 앱을 이용해서 올리잖아? 그런데 어느 날 전화를 하더니 선생님이 우리 애를 미워하는 것 같다는 거야. 그 이유가 뭔 줄 아냐? 사진 속의 우리 애 표정이 안 좋다는 거야. 말이 되냐?"

학부모 요구 때문에 후배교사도 속이 상하다고 상담한 적이 있었다.

"선생님, 있잖아요. 한 학부모가 찾아와서 옆반 선생님이 하는 걸 우리 반에서도 해주면 안 되냐고 노골적으로 요구하셔서 너무 속상했어요. 저도 저 나름의 학급운영 방식이 있는데 말이에요."

세상 참 많이 변했다는 격세지감을 느낀다. 교사와 학부모의 관계가 파트너가 아니라 요구하고 요구받는 갑과 을과 관계가 되어가고 있는 것 같아서 안타깝다. 그렇다면 교사는 학생에게 어떤 존재인가? 아이들 입장에서는 학교 교사들뿐만 아니라 학원 강사들까지 포함하여 교사

수가 매우 많다. 학교 교사는 그 많은 교사들 중 하나일 뿐이다. 그렇다 보니 아이들에게 교사는 너무 흔해서 소중한 존재가 아닐 수도 있다. 아이에게도 학부모에게도 큰 기대는 금물이다. 그들이 존재하기에 교사라는 내 직업이 존재한다고 생각하면 마음이 좀 편해질까?

또 요즘은 공부에 억눌리며 풀지 못한 분노와 스트레스 때문에 분노 조절 장애를 가지고 있는 아이들도 심심찮게 보인다. 학습 방치가 지속되어 고학년쯤 되면 학습을 포기하는 학생들도 생긴다. 맞벌이의 증가로 정서적으로 안정되지 못하고 마음 둘 곳이 없으니 수업 시간에 친구를 괴롭히는 것으로 스트레스를 풀며 딴짓을 하는 아이들도 있다. 어렸을 때부터 영상 매체에 과하게 중독되어 수업 시간에 가만히 앉아 있지를 못하고 산만한 아이들도 있다. 이런 아이들을 포함하여 다양한 아이들이 한 반에 25명쯤 앉아 있다. 통제하기 위해 공포정치를 펼치던 체벌은 금지된 지 이미 오래다. 교사들은 아이들 가르치기가 더 힘들어졌다고 이야기한다. 아이들의 인권만 올라가고 교사의 교권은 땅으로 추락했다고 난리다. 교사가 말 안 듣는 아이를 나무라면 오히려 적반하장이다.

"선생님이 어쩔 건대요? 선생님이 저 때리시면 경찰서에 신고할 거예요."

아이들 몸에 손 끝 하나 대기라도 하면 다음날 바로 학부모의 민원 전화가 걸려온다. 매스컴에서는 학생에게 매 맞는 교사 영상이 나오기도 한다. 지금 학교의 모습은 이렇다. 교사의 권위가 무너진 지 오래다. 교실에서 교사의 권위를 어떻게 세울지 고민이 필요하다.

07.
[학교교육] 학교폭력에 시달리는 교사들

대한민국은 OECD 국가 중 청소년 자살률이 1위다. 한창 자라나는 아이들의 자살 원인은 성적 스트레스와 더불어 친구 관계 때문인 경우가 많다. 왕따, 전따, 은따, 스따 등 이상한 용어들이 학교에 생기기 시작한 것은 내 경험에 의하면 10년쯤 되었다. 처음에는 일본 문화인 '이지메'가 들어온 줄 알았는데 이제 왕따는 전 세계에 퍼졌나 보다. 아이들이 열광하는《윔피 키드》에도 왕따와 관련된 내용이 나온다.

10년 전, 학교에 왕따가 처음 생겼을 때 교사들의 생각과 대처 방법도 미흡했다. 씻지 않아서 냄새가 나는 아이, 말이 곱지 않은 아이, 친구들과 교류 없이 혼자만의 세계에 빠져 있는 아이 등 약한 아이들이 표적이 되었다. 왕따를 당하는 아이는 사회성이 부족하다고 생각했고, 왕따당하는 아이 개인의 문제로 치부하며, 학교에서도 적극적으로 도와주지 않았다. 다들 뒷짐진 채 왕따당하는 아이에게 문제를 전가했다. 그런데 갈수록 왕따 문제가 전염병처럼 퍼지기 시작했다. 그즈음에 한창 국제중, 특목고가 생겨나고 학교에서 가르쳐주지 않는 토익점수와 외부에서 받은 상 같은 것들로 학생들을 선발하기 시작하면서 아이들은 사교육의 수렁에 빠졌다. 공부 스트레스가 심해지자 아이들은 자신의 분노와 스트레스를 친구를 괴롭히는 가학적인 형태로 분출시켰다.

왕따를 당하는 아이가 괴로움에 극단적인 선택을 하게 되면서 학교는 왕따의 심각성을 느끼고 부랴부랴 학교폭력 대처방안에 대한 매뉴얼을 만들어 내놓게 되었다. 왕따에 대한 심각성과 그에 대한 사회적 합의와 대처방법이 나오기 전까지 학교는 그야말로 아수라장이었다. 왕따는 부모의 욕심으로 학원의 선행교육에 내몰린 아이들의 스트레스와 학교 행정업무로 눈코 뜰 새 없이 바빠진 교사들의 어쩔 수 없는 묵인 속에서 만들어졌다고 해도 과언이 아니다.

부끄러운 고백이지만 우리 반에서도 학교폭력이 일어난 적이 있다. 몇 년 전쯤의 이야기다. 그해에는 나도 너무 할 일이 많아 울고 싶을 지경이었다. 아이들이 어려서 집에서도 할 일이 많았는데 학교에서도 고학년 담임에 두 사람이 해야 할 과한 학교업무까지 맡게 되었다. 처리해야 할 공문은 하루가 멀다 하고 쏟아져 나왔다. 학교에서도 집에서도 숨을 쉬기가 힘들었다.

그러던 어느 날 한 아이의 아빠가 학교에 불쑥 찾아왔다. 딸아이가 괴롭히는 남자아이 둘 때문에 죽고 싶다고 한다고 했다. 나는 깜짝 놀랐다. 하지만 짚이는 구석은 있었다. 그 여자아이는 밸런타인데이에 손

수 만든 초콜릿을 반 전체 아이들에게 돌리기도 하는 등 심성이 곱고 착하고 여린 아이였다. 아빠가 찾아오기 며칠 전에 아이는 코트 안쪽에 지워지지 않는 잉크가 묻어 있다고 울먹였다. 누가 고의로 묻힌 게 분명했다. 어찌어찌해서 범인을 찾았는데 그 아이는 일부러 그런 게 아니고 실수였다고 잡아뗐다. 세탁비를 물어주는 선에서 사건을 마무리했지만 나 역시 너무 지쳐 있었던지라 이상한 낌새가 느껴져도 일을 크게 벌이고 싶지 않았다. 학교일과 집안일만으로도 내 코는 석자였다. 무슨 일이 일어나기 전에는 반드시 전조 현상이 있다고 했던가. 생각해보니 잉크 사건이 있기 전에도 우리 반 아이들이 내게 말해준 적이 있었다. 그 두 남학생이 선생님이 보는 앞에서는 잘하는 척하지만 방과 후에는 여자애들한테 험한 욕을 한다는 것이었다. 그때가 그 아이들을 지도할 수 있는 절호의 기회였는데, 나는 바쁘다는 핑계로 차일피일 미루고 있었다.

그러다 그 여자아이의 아빠 이야기를 듣고 심장이 쿵 내려앉았다. 만약 그 여자아이가 순간적으로 나쁜 맘을 먹고 실행에 옮겼으면 어쩔 뻔했나? 학교폭력이 멀리 있는 게 아니라 바로 내가 맡은 학급에서 일어날 수도 있다는 것을 뼈저리게 느꼈다. 그 당시에는 학교폭력 매뉴얼이 없었던 시대라 어떻게 처리해야 할지 막막했다. '어떻게 하면 가해자인 남자아이 둘을 잘 교육시키고 상처받은 여자아이의 마음을 달랠 수 있을까?' 고민했다. 먼저 두 남자아이의 엄마들을 불러 자초지종을 설명했다. 다행히도 어머니들은 깜짝 놀라며 아들을 잘못 키웠다며 미안해했다. 두 남자아이에게 사태의 심각성을 알리고 자신의 행동이 얼마나 큰 잘못인지 깨닫게 할 시간이 필요했다. 엄마들과 함께 고민 끝에 두 아이를 다른 학교로 전학시키겠다고 엄포를 놓기로 했다. 전학가게 되는 날 두 남자아이는 닭똥 같은 눈물을 흘렸는데, 두 남학생의 진심어린 반성의 편지를 읽고 피해 여학생이 용서해주어 전학을 안 가게 되는 것으로 끝을 맺었다. 두 남자아이는 여자아이에게 손이 발이 되게 빌며 용서해주어서 고맙다고 했다.

그 일 이후 두 남자아이와 여자아이를 반 편성할 때 떼어놓았고 각자 다른 중학교로 진학했다. 남자아이 둘도 그 일을 계기로 느낀 바가 있었는지 그 뒤로는 초등학교 졸업할 때까지 학교생활을 성실하게 잘 해나갔다. 다행히도 몇 년이 지나 고등학생이 된 그 아이들을 길에서 우연히 만났는데 반갑게 인사했다. 예쁘고 환한 모습으로 잘 자라고 있는 것 같아서 안심되고 고마웠다.

그나마 요즘은 학교폭력에 대한 심각성을 느끼고 학교폭력 대처 매뉴얼이 준비되어 있다. 학교폭력에 대한 설문조사도 실시하고, 학교폭력이 발생하면 학교폭력 자치 위원회가 열린다. 죄질이 나쁜 가해 학생의 행동은 학생부에 기록으로 남고, 심하면 전학을 가게 될 수도 있다. 그래서 요즘은 학교에서도 적극적으로 개입할 수 있게 되었다. 나와 다름은 틀린 것이 아니라는 것을 학생들에게 교육하고, 방관자들에 대한 교육도 실시한다. 그러자 이번에는 밖으로 드러나지 않는 은따가 생겼다. 교사가 보기에는 잘 어울리며 노는 것 같은데 은근히 따돌려서 잘 드러나지 않는 경우다. 교사가 발견해내기가 쉽지 않아 애를 먹는다.

왕따 문제는 남학생들보다 여학생들 사이에서 많이 일어나기 때문에 교사가 좀 더 세심하게 눈여겨보아야 한다. 여학생들은 고학년이 되면 무리 짓기를 시작한다. 여자아이들은 힘이 센 무리에 들어가기 위해 안간힘을 쓴다. 그 과정에서 자신들의 무리에 들어오지 않는 여학생들을 희생양으로 삼는다. 무리의 리더를 주축으로, 한 아이를 괴롭히기 시작한다. 그 무리의 팀원들은 그 무리에서 살아남기 위해 어쩔 수 없이 공조한다. 학급의 아이들은 그 무리들의 보복이 두려워 방관자가 된다.

특히 고학년 담임교사가 되면 아이들의 학교폭력 문제로 교사들은 골머리를 앓는다. 아이와 학부모가 이런저런 문제들을 해결해달라고 요청해오기 때문이다. 다른 반 아이와 또는 다른 학년과 얽힌 문제를 풀기 위해 동분서주해야 한다. 한 문제를 해결하고 한숨 돌리는가 싶으면 또 다른 문제해결 요청이 들어온다. 때에 따라서 교사는 양쪽 말을 다 들어보고 진위를 가려내는 수사관이 되어야 할 때도 있다. 사안이 중대해 '학교폭력 자치위원회'라도 열리면 아이도 학부모도 교사도 다 같이 힘들어진다.

한 중학교에서 여학생이 자살했다는 소문이 들렸다. 초등학교 때 무리 짓기의 리더였던 학생이 중학교에 진학했는데 상황이 어찌 돌아갔는지 이번에는 오히려 자신이 왕따가 되어서 참지 못하고 아까운 목숨을 버린 것이다. 자신이 한 일이 부메랑처럼 자신에게 돌아온 것을 견디지 못했을 것이다. 학교폭력 문제는 성적 지상주의인 부모들과 그로 인한 아이들의 스트레스와 학교 행정업무에 손발이 묶인 교사들의 합작품이다. 이 문제를 해결하지 못하고는 학교폭력과 청소년 자살률의 수치를 줄이지 못할 것이다.

공부도 재능이다: 공부를 즐기는 아이 VS 공부를 싫어하는 아이

나를 비롯한 모든 부모들의 소망은 자신의 아이가 공부를 잘하는 것이다. 사실 아이가 공부를 잘하면 별로 잔소리할 게 없다. 아이가 스스로 알아서 척척 하기 때문이다. 나는 공부를 잘하는 아이도 키우고 있고, 공부를 싫어하는 아이도 키우고 있다. 공부를 잘하는 아이는 중학교에서 전교 1등을 하기도 하고, 올백을 맞은 적도 있다. 부모인 나도 신기하다. 공부를 싫어하는 아이는 초등학교에서 70점도 받아오고, 80점도 받아오고, 90점도 받아온다. 어쩌다 가뭄에 콩 나듯이 100점을 받아올 때도 있지만. 이 점수도 부모가 신경을 써서 이 정도다. 나 몰라라 했으면 50점 이하의 점수도 있었을지 모른다. 사실 아이의 초등학교 성적은 부모의 관심과 잔소리의 결과이기도 하다. 똑같은 배에서 태어나 똑같은 환경에서 자란 두 형제가 왜 이렇게 다를까? 시간을 거슬러 아이들의 어린 시절로 돌아가 보면 타고난 성향부터가 달랐다.

첫째 아이는 어렸을 때 차분하고 내성적이었으며, 엄마를 귀찮게 하지 않고 혼자서도 잘 놀았다. 아이가 4살 때였는데 똑같은 동화책을 몇 번 반복해서 읽어주었을 뿐인데 글자를 모르던 아이가 어느 날 문득 그림책 1권을 뚝딱 외워서 말하고 있었다. 동화책 1권을 통째로 외우면서 사교육의 도움 없이 한글을 익혔다. 초등학교에 들어가서 아이가 2학년 때 친한 선생님이 전화를 했다. 전교에서 딱 1명이 국어와 수학 올백을 맞았는데 그게 우리 아이라며 축하한다는 내용이었다. 3학년까지는 아이가 국·수·사·과 문제집을 사서 풀면 내가 채점해주었는데, 4학년이 되면서 동생이 학교에 입학하자 둘째를 신경 쓰느라 첫째 아이에게 채점도 네가 하라고 맡겨버렸다. 사실 첫째 아이 공부 봐주기는 3학년 때 끝났다. 그 이후로 아이는 초등학교 때까지 문제집만 사주면 학교 진도에 맞춰서 문제를 풀며 스스로 공부하고, 틈틈이 자기가 좋아하는 책을 읽었다. 그 이후로 나는 아이가 중학교에 가서 무엇을 배우는지 알 필요가 없었다. 아이가 스스로 했기 때문이다.

반면 공부를 싫어하는 둘째 아이는 어렸을 때부터 형과 달랐다. 한시도 내 옆을 떠나지 않으려고 하고, 까다로운 아이였다. 엄마가 24시간 자기 옆에 붙어 있길 원했다. 너무 힘들어서 나도 살아야 했기에 두 아이를 어린이집에 맡기고 도망치듯 학교에 출근했다. 학교에 가면 아이들을 하교시키고 나서 잠시라도 쉴 수 있었다. 형은 4살에 스스로 한글을 깨쳤는데 5살이 되도록 한글에 관심이 없었다. 어린이집에 상담이라고 가면 선생님은 아이의 주의 집중력이 짧다고 말씀하셨다. 책을 읽어주는 것도 좋아하지 않았다. 첫째 아이의 스스로 하는 공부 성공 경험도 있고 해서 둘째 아이도 첫째 아이처럼 키우고 싶었다. 잡아다 앉혀서 공부시키기도 하고, 협박도 하고, 구슬리기도 하면서 초등학교 5학년 때까지 지지고 볶았다. 그러다 내가 먼저 백기를 들고 말았다. 둘째 아이는 내가 가르치면 안 되는 아이였다. 성격이 나와 똑같아서 고집도 세고, 반항도 심했다. 이러다가 내가 아이를 잡겠다는 생각에 과감히 포기했다. 6학년이 되자 동네 수학 보습학원에 학교에서 배운 내용을 복습하고 오라고 보냈다. 그리고 공부하라고 닦달하는 대신 아이가 좋아하는 축구와 배드민턴, 드럼을 배우게 했다. 그 이후 드라마틱하게도 아이와 나 사이에 평화가 찾아들었다.

물론 내 경험으로 모든 것을 일반화할 수는 없지만 공부를 즐기는 아이와 공부를 싫어하는 아이 둘을 모두 길러본 엄마로서 공부 머리는 어느 정도 타고 난다는 것을 깨닫게 되었다. 아이마다 발달과 성장 속도가 다르기 때문에 일률적으로 같은 방법을 적용하면 안 된다는 경험도 얻었다. 아직 공부하고 싶은 동기가 없는 아이에게 공부를 강요하는 것은 폭력일 수 있다. 그럴 때는 오히려 자기가 하고 싶은 것을 마음껏 하도록 허락하고 기다려주는 게 나은 것 같다. 기다려도 아이가 공부하고 싶은 마음이 없다면 아이 길이 아닌 것이다. 공부 말고 다른 길을 찾는 것이 현명하다.

어릴 때 아이를 관찰해서 공부 머리가 썩 좋지 않다고 생각되거나 아이가 아직 공부할 필요성을 못 느끼고 있다면 공부하라고 매일매일 아이와 지지고 볶고 싸울 것이 아니라 아이가 하고 싶어 하는 것을 배우게 하면서 스스로 공부의 필요성을 느끼게 하는 게 낫다. 아이 공부 습관 잡겠다고 공부에 재미없어 하는 아이를 책상에 꽁꽁 묶어두고 서로 스트레스받기보다는 아이가 좋아하고, 잘하는 것을 배우게 하라고 적극 권한다. 아이의 자존감 면에서도 그게 더 낫다. 자존감이 있는 아이는 나중에 자신에게 필요한 공부를 스스로 찾아서 할 수 있다. 부모가 좀 더 여유를 갖고 찬찬히 아이를 보았으면 좋겠다. 멀리 돌아가는 길이 어쩌면 더 빠른 길일지 모른다.

그리고 아이가 좋아하는 취미활동을 장려해야 한다. 아이는 자기가 좋아하는 취미가 생기면 생활에 활력이 생긴다. 아이가 그다지 공부에 취미가 없다면 초등학교 6년 동안을 수학, 영어로 진 빼지 말고 아이가 잘하는 것, 좋아하는 것을 찾는 데 쓰자. 수학과 영어 공부는 중학교에 가서 해도 늦지 않다. 부모가 아이를 특목고에 보내겠다는 생각만 버린다면 말이다.

내 조카는 공부를 잘하지 못해서 지방대에 진학했지만, 뒤늦게 철이 들어 살도 빼고 스스로 어학연수도 가고, 컴퓨터 자격증도 여러 개 따서 취업에 성공했다. 나중에 면접관이었던 회사 상사에게 물었더니 성격 좋고 인상 착하고 성실해보여 뽑았다는 말을 들었다고 한다. 그 조카는 내가 봐도 항상 웃는 얼굴에 사회성이 좋아서 분위기를 밝게 만든다. 입시 공부와 명문대학이 전부가 아닌 시대다. 대학 너머 성공한 인생을 살게 하려면 오히려 아이의 품성과 역량을 제대로 갈고닦아 어디서든 환영받는 인재로 키워야 할 것이다.

행복한 아이를 만드는 학교교육 처방전,
자녀교육 레시피

3부

당신은
최고의 교육전문가
입니다

[가정교육 실천편 1] 좋은 인성은 유전된다

자식을 잘 키우기 위해서는 내가 먼저 좋은 부모가 되어야 한다고 다들 말한다. 말 그대로라면 인성은 가르치는 것이 아니라 보여주는 것일 게다. 내가 먼저 좋은 부모가 된다면 가정에서 인성교육이 따로 필요 없을 것 같다. 좋은 인성이 몸에 익으면 습관이 되고, 습관은 어느새 내 몸에 배어 나의 유전인자가 된다. 부모가 몸소 먼저 실천해야 할 인성의 주요 덕목은 경청, 공감, 칭찬, 책임, 존중, 배려다. 이것을 생각하며 내가 부모로서 일상생활에서 실천하도록 노력하고 있는 것은 다음과 같다. 걱정, 불안, 조급함 같은 나쁜 유전인자는 쏙 빼고 내가 노력하고 있는 좋은 인성 유전인자만 우리 아이가 물려받았으면 하는 마음이다.

삼시 세끼 밥 챙겨주도록 노력하며 아이와 일상에 대해 대화하기

부모가 아이에게 반드시 챙겨줘야 할 것은 뭐니 뭐니 해도 삼시 세끼 밥이다. 방학 때 집에 있어보면 알겠지만 삼시 세끼 밥을 차린다는 게 굉장히 힘들다. 아침 먹고 치우고 나면 점심 먹을 시간이 되고, 점심 먹고 치우고 나면 바로 저녁 먹을 시간이 된다. 그러나 사람은 하루에 세 번 밥을 먹어야 에너지를 낼 수 있다. 예전의 부모들이 대부분 그러하듯이 우리 부모님도 나에게 스킨십을 많이 해주거나 사랑한다는 말을 해주지는 않았다. 하지만 나는 부모님의 사랑을 매일 싸주시는 도시락에서 느꼈다. 반찬은 다양하지 않았지만 새벽에 일하러 나가면서도 컴컴한 어둠 속에서 꼭꼭 챙겨주던 어머니의 도시락. 너무나 당연한 이야기지만 부모라면 아이가 살아갈 수 있도록 삼시 세끼 밥을 챙겨야 한다. 아이가 어릴 때는 잘 모르지만 아이가 자라서 집을 떠나게 되면 집밥을 통해 엄마의 사랑을 기억하게 된다.

요즘 아침을 거르고 오는 아이들이 꽤 있다. 아침잠이 많아서 또는 귀찮아서, 아이가 늦게 일어나서 등 이런저런 이유로 아이 아침을 챙겨주지 않는 부모들이 많다. 아이가 아침을 거르고 오면 점심 먹을 때까지 힘도 없고 공부도 잘 되지 않는다. 머리를 쓰려면 에너지가 필요한데 아침에 먹은 게 없는 아이들은 에너지가 없어 힘들어한다. 어떤 아이는 속이 쓰리다고까지 한다. 부모들이 아이에게 아침밥을 꼭 챙겨주었으면 좋겠다. 성장기 아이들에게 삼시 세끼는 꼭 필요하다. 아이가 학교에서 공부를 열심히 하고 오기를 원한다면 부모부터 아이의 아침을 꼭 챙겨주길 권한다. 또한 같이 밥을 먹으면서 아이의 일상에 대해 대화한다면 아이는 정서적인 안정감을 느낄 수 있고, 부모는 아이의 생각과 고민에 대해 알 수 있다. 밥상머리 대화는 저절로 이루어진다.

나부터 먼저 인사하기

사람과 사람 사이의 관계는 인사와 이름 불러주기에서 시작된다고 생각한다. 학교에서도 인사 잘하고 예의바른 아이들은 한 번 더 눈길이 간다. 반갑게 인사하는 아이를 만나면 마음속에 꼬여 있던 마음도 봄눈 녹듯이 사라진다. 인사 잘하는 아이들을 보면 '그 집은 아이들을 어쩜 저렇게 예의 바르게 키웠을까?' 하고 감탄하게 된다. 우리 집 아이들이 인사를 잘 못하는 부끄럼쟁이들이기 때문이다. 어린 시절 낯선 사람을 만나면 내 뒤로 숨는 아이가 한심해서 혼냈던 적도 있다. 큰아이가 4살 때 다른 아이들과 달리 유치원 선생님께 인사를 잘 못해 집에 가서 혼냈더니 친구 집으로 도망간 적도 있다. 젊은 엄마는 참 많이 무지했었다. 지금이라면 억지로 인사시킬 것이 아니라 부모부터 모범을 보이고, 아이를 소개해주고, 아이가 인사할 기회를 줄 것이다. 인사 못 한다고 다 그칠 게 아니라 아이가 자신감이 생길 때까지 기다려줄 것이다. 나이를 한 살 두 살 먹어가며 자신감이 차고 넘치면 아이는 자연스레 인사를 잘하게 된다. 나부터 아이들에게 먼저 인사한다.

"잘 잤니?"

"학교 잘 갔다 왔어?"

"얘들아, 잘 자."

그렇게 계속하다 보니 어느 날부턴가 부끄러움 많이 타는 우리 집 아이들도 조금씩 인사하는 목소리가 커지고 있다.

"학교 다녀오겠습니다."

"감사히 잘 먹겠습니다."

"안녕히 주무세요."

엘리베이터 안에서 아는 이웃을 만나면 내가 먼저 인사하고, 아이에게도 인사할 기회 주기, 이것만 잘 실천해도 인사 잘하고 예의바른 어린이가 된다. 쑥스러워 하던 우리 둘째 아이도 지금은 옆집 할머니라도 만나면 "안녕하세요?"라며 먼저 인사한다. 아직 목소리가 우렁차지는 않지만 그러면 어떤가? 부모는 모범을 보이고 기다려주기만 하면 된다.

부부 사이, 더 나아가 이웃에 대한 존중과 배려 실천하기

가정에서 누리는 최고의 행복은 '화목'이 아닐까? '가화만사성'이란 말이 있듯이 집안이 화목하면 밖의 일도 잘 되기 마련이다. 가정의 화목은 어디에서 올까? 가정의 화목은 가족 구성원 간의 존중과 배려에서 오고, 그중에서도 부부 사이의 존중과 배려가 중요하다는 생각이다. 남편이나 아내를 내가 바꿀 수는 없다. 내가 변하는 게 오히려 쉽다. 옆집 남편과 비교하지 말자. 옆집 남편은 내 남편이 아니다. 이 세상에 하나밖에 없는 나의 짝꿍이며 동반자이며 지원자다. 자식들이 떠나고 난 뒤 집에 남는 사람은 배우자밖에 없다.

아이들은 부모의 거울이다. 부모와 함께하는 시간이 가장 많다 보니 부모가 하는 모습을 은연중에 닮는다. 내 말투까지 닮아가는 모습을 보고는 깜짝 놀랄 때가 있다. 부부 사이의 배려는 이웃에게까지 확대될 수 있다. 아랫집을 생각해서 시끄럽게 쿵쿵거리지 않고 살금살금 걸어 다니기, 상점 문을 닫을 때 뒤에 오는 사람을 배려해서 문 잡아주기, 엘리베이터를 탈 때 허겁지겁 달려오는 사람을 위해 잠깐 기다려주기 같은 소소한 실천들이 배려일 것이다. 우리 부모부터 그런 모범을 보여야 한다.

부모와 아이, 집안일 함께하며 노동의 신성한 가치에 대해 알기

아이들을 공부만 하는 글방 도령으로 키워서는 안 된다는 생각이다. 나에겐 아들만 둘 있지만 요즘은 남자들이 육아와 집안일을 함께해야 가정에 평화가 온다. 맞벌이 가정이 갈수록 증가하고 있으니 가정에서부터 협력을 가르쳐야 한다. 집안일이 딱 적당하다. 일주일에 한 번 청소 같이 하기, 쓰레기 분리수거하기, 빨래 개서 각자 위치에 가져다두기, 설거지, 간단한 요리하기, 현관에 있는 신발 정리하기, 물고기 밥 주기 등 아이들과 함께할 수 있는 집안일은 많다. 집안일을 해본 아이들은 정리가 왜 중요한지 스스로 알게 된다. 설거지를 해본 아이들은 왜 음식을 남기지 않고 깨끗이 먹어야 하는지를 안다.

"넌 들어가서 공부나 해" 같은 말을 해서는 안 된다. 아이에게 공부 이외에도 살아가는 데 필요한 생존기술을 가르쳐야 한다. 엄마는 하루종일 부엌에서 떠나지 못하는데, 남편과 아이들은 거실에서 TV만 보고 있다면, 엄마의 스트레스로 가정이 평화롭지 못할 것이고, 집안일을 배우지 못한 아이들은 독립한 후 고생하게 될 것이다. 나중에 자라서 가정을 꾸리게 되면 가정불화의 원인이 되기 쉽다.

혼자 된 노인들 중 요리할 줄 아는 노인은 오래 살 수 있지만, 요리할 줄 모르는 노인은 오래 살지 못한다는 통계도 있다. 집안일은 아무나 할 수 있는 일이 아니라 생존기술이다. 그리고 집안일을 하다 보면 아이들 입에서 저절로 책을 읽거나 공부하는 게 집안일보다 훨씬 쉽다는 말이 나오기도 한다. 우리 아이들은 "설거지를 할래? 책 읽을래?" 하고 물으면 책 읽는 게 편하다고 대답한다. 집안일을 가르치는 것은 일석삼조다. 생존기술과 가족 간의 협력, 책 읽기가 얼마나 쉬운지를 깨닫게 된다.

부모부터 당연한 일상에 감사하며, 자신이 하고 있는 일에 의미를 갖고 최선을 다하기

아침에 눈을 뜨면 '오늘 하루를 살아갈 수 있어서 감사합니다'라는 생각이 먼저 든다. 오늘 하루가 얼마나 찬란한지를 느껴본 적이 있을까? 건강을 잃어본 경험이 있는 사람은 오늘 하루가 얼마나 소중한지를 안다. 건강할 때는 하루하루가 지겨웠던 적도 있고, 대충 보낸 적도 많다. 하지만 아프고 난 뒤에는 하루하루가 너무 소중해졌다. 엄마로서 아이들에게 음식을 준비해주고, 아이들을 챙겨줄 수 있는 게 축복이다. 건강한 사회인으로서 직업을 갖고, 그 직업을 통해 사회에 이로운 일을 할 수 있는 게 축복이다. 그리고 이런 축복이 무한히 지속되지 않을 수도 있다는 것을 깨달은 것도 축복이다.

전에는 내가 갖고 있지 못한 것 때문에 행복하지 못했는데 지금은 내가 가지고 있는 것들 때문에 행복해졌다. 한 번쯤 크게 아파보는 것도 나쁘지 않다. 삶을 대하는 태도가 달라진다. 아이가 공부를 조금 못해도 아이가 신체적, 정신적으로 건강한 것에 감사한다. 건강하지 못한 아이들이 세상에 많다는 생각을 잊고 살았다. 아이에 대한 욕심을 많이 내려놓으니 비로소 아이를 보고 내가 더 많이 웃을 수 있게 되었다. 엄마가 행복해지면 아이도 행복해질 수 있지만 엄마가 불행하면 아이는 행복해질 수 없다. 평범한 주부로서 직업인로서의 일상이 눈부시게 아름답다는 사실을 젊은 부모들이 일찍 깨달았으면 좋겠다.

너는 무엇이든 될 수 있지만, 무엇이든 할 수 있는 것은 아니란다. 감정은 수용하되 행동은 제한하기

아이가 집에서 버릇없게 군다거나 자기 멋대로 행동하려 한다면 어른으로서 꾸짖어야 한다. 부모는 아이에게 친절해야 하지만 또한 아이에게 행동의 한계에 대하여 명확히 알려줄 필요가 있다. 집에서 버릇없게 행동해도 부모가 꾸짖지 못한다면 아이는 그런 행동이 사회에서도 용납되는 줄 착각하고 밖에서도 그런 행동을 한다. 아이가 가족 구성원에게 피해를 주는 행동을 한다면 그 행동에 대해서 단호히 꾸짖어 그런 행동을 하지 못하도록 알려줘야 한다.

요즘은 자식이 하나나 둘밖에 없기 때문에 황제처럼 집에서 오냐 오냐 떠받들어 키워 유리 멘탈을 갖게 되고 온실 속의 화초처럼 자라 작은 바람에도 꺾이고 만다. 또한 자기중심적으로 자란 아이는 온 세상이 자기 자신을 위해 존재하길 바라기 때문에 학교라는 공동체 사회에서 친구들과 사사건건 부딪치며 피하고 싶은 아이가 되고 만다.

02.
[가정교육 실천편 2] 자존감
: 3천 가지 재능 중에 1가지 재능은 있다

"천재적인 아이는 학습을 잘하는 아이가 아니라 남과 다른 아이다"라는 속담이 있다. 내 아이를 다른 아이의 머리와 똑같이 만들어서는 경쟁력이 없다. 자기만의 빛깔을 찾아주기 위해서 부모는 노력해야 한다. 자기만의 빛깔을 찾아주려면 부모는 자기 자식에 대한 인정, 존중, 칭찬, 격려, 지지가 필요하다. 그 인정의 바탕 위에 아이는 자존감의 싹을 틔우고, 어떤 비바람에도 끄떡하지 않는 건강한 나무로 자랄 수 있다. 오늘날 자존감의 중요성에 대해 점차 인식이 확대되고 있다.

그렇다면 '자존감'이란 무엇일까? '자존감'이란 '나는 사랑받을 만한 가치가 있는 소중한 존재이고, 어떤 성과를 이뤄낼 만한 유능한 사람이라고 스스로를 믿는 마음'이다. 자신에 대한 확고한 믿음이 있기 때문에 상황에 따라 감정이 급변하지 않고 어떤 위기에도 잘 대처할 수 있다. 자존감이 높은 아이들은 자기 스스로 나쁜 짓을 안 하고 배움에도 열의가 있다. 아이를 어느 정도 키워놓고 보니 공부 1등보다 더 중요한 것이 어떤 시련과 좌절이 와도 무너지지 않고 일어설 수 있는 자존감, 자기 자신에 대한 믿음과 사랑이라는 것을 깨닫게 되었다.

'내가 젊은 엄마였을 때 자존감에 대해 좀 더 일찍 알았더라면 얼마나 좋았을까?' 하는 아쉬움이 든다. 조기교육과 선행교육을 홍보하는 사교육에 휘둘리지 않고 젊은 엄마들이 나와 같은 시행착오를 겪지 말았으면 좋겠다. 우리 집 아이의 자존감을 높일 수 있는 비결에는 어떤 게 있을까? 16년이나 지나서야 내가 깨달은 비결은 다음과 같다.

자존감의 첫 번째 비결은 부모의 무조건적인 애정에 있다

아이의 마음과 생각을 인정해주며 아이의 노력에 박수쳐주고 칭찬을 듬뿍 해주면 되는 것이다. 공부나 성적만으로 평가하지 말고 아이가 곁에 있어주는 것에 감사하며 자주 껴안아주고 사랑한다고 말해주면 된다. 아이가 할 수 있는 작은 일들, 예를 들면 혼자 가방을 챙기거나 간단한 식사를 차려 먹거나 엄마 심부름을 다녀오거나 하게 해서 아이가 스스로 할 수 있다는 성취감을 맛보게 하는 것도 자존감을 높이는 좋은 방법이다. 결과에 대한 칭찬보다는 과정, 그 아이가 한 노력에 대해 칭찬해야 한다.

어릴 때부터 부모와의 애착 관계가 잘 형성되어 자존감이 높은 아이는 성인이 되어서도 행복하게 세상을 살아갈 수 있다. 하지만 부모로부터 방치되었거나 학대받은 경험이 있거나 온실 속 화초처럼 과잉보호를 받고 자란 아이들은 자존감이 낮아 어려움이 닥쳤을 때 '왜 나한테만 이렇게 힘든 일이 생길까, 더 이상은 못 참겠어.' 하며 쉽게 좌절하고 포기해버린다. 아이들이 어릴 때는 나도 어린 엄마였다. 어릴 때 애착이 얼마나 중요한지 모르고 오로지 영재로 키우겠다는 욕심에 사로잡혀 있었던 것이 안타깝다. 나도 그랬다. 돌이켜보니 그 점이 정말 아쉽다.

자존감의 두 번째 비결은 그 누구와도 비교하지 않는 것이다

특히 형제지간, 자매지간, 친구와의 비교는 금물이다. 아이의 자존감에 대해 무지했던 지난 시절의 나를 돌이켜보면 둘째 아이가 울면서 엄마는 공부 잘하는 형만 예뻐한다고 반항한 적이 있었다. 나는 할 말이 없었다. 사실이었기 때문이다. 첫째는 엄마가 시키지 않아도 알아서 공부하니 잔소리할 필요가 없었지만 둘째 아이는 공부하기를 너무 싫어하고 집중력도 짧았다. 그런 아이를 억지로 공부시키느라 아이도 힘들고 나도 힘들고, 관계도 나빠졌다.

하지만 이제 나는 우리 아이를 공부로 비교하지 않고 각기 다른 개성을 존중해주려고 노력한다. 아이마다 타고난 재능이 다르고, 발달 속도가 다름을 늦게나마 깨달았다. 아이는 백지 상태로 태어나서 엄마가 수놓는 대로 그림이 그려지는 거라고 착각하고 살았다. 아이는 백지 상태로 태어나지 않고 부모의 유전인자를 가지고 태어난다. 그 유전인자는 환경과의 상호작용 속에서 자기만의 속도로 꽃을 피운다.

항상 성실하고, 욕심이 많지 않아 자신의 주장을 앞세우기보다 다른 사람을 편안하게 해주는 첫째 아이는 매주 쓰레기 분리수거를 도맡아 열심히 해주고, 깨우지 않아도 스스로 일어나서 하루를 시작하며, 시간을 소중히 여겨서 알뜰히 사용하는 모습이 칭찬받아 마땅하다.

둘째 아이는 하루 종일 라디오를 틀어놓은 것처럼 수다를 떨고, 재미있는 노랫말 가사를 즉석에서 뚝딱 만들어내며, 말을 재미있게 잘하여 우리 집 분위기 메이커이고, 주변의 사소한 변화도 금세 눈치 채는 점 등을 칭찬해준다. 그렇게 자신이 소중한 사람임을 인정받자 둘째 아이는 그 힘으로 스스로 집안일을 열심히 해서 용돈을 벌며, 자신에게 필요한 공부를 조금씩 하기 시작했다. 학습에 대한 압력보다 자존감이 먼저였는데 나는 거꾸로 교육을 하고 있었던 셈이다. 대부분의 부모들이 나 같은 실수를 한다. 학습보다 아이의 자존감이 먼저다.

아이를 있는 그대로 인정해주는 게 제일이다. 아이마다 다른 빛깔과 향기가 있음을 인정하고 언젠가는 활짝 꽃을 피우리라는 믿음을 갖자. 우리 아이와 똑같은 아이는 이 세상에 아무도 없다. 인정과 믿음은 아이의 자발성을 이끌어내는 연료다. 그 누구와도 비교하지 말자.

자존감의 세 번째 비결은 우리 아이가 갖고 있는 재능을 관찰하고, 경험하게 하고, 지원해주는 것이다

유대인들은 아이가 태어날 때 3천 가지 재능 중 1가지 재능을 가지고 태어난다고 믿는다. 그런 믿음은 내 아이를 키우는 데 불안감을 없애고 아이를 있는 그대로 인정하게 해주는 좋은 효과가 있는 것 같다. 부모의 믿음이 아이의 높은 자존감으로 이어지고 유대인들의 위대한 성취를 낳는다. 아이가 어릴 때는 박물관, 미술관, 여행 등의 경험과 다양한 예체능 경험이 중요하다는 생각이다. 우리나라에서 초등학생에게 필요한 사교육이 있다면 예체능이다. 우리나라 공교육은 표준화된 교육과정을 바탕으로 예체능 교육의 기본을 건드려주긴 하지만 깊이 있게 나가지는 못하기 때문이다. 학교에 마련된 방과후 교육이면 더욱 좋다. 아이의 관심사를 찾아 애니메이션, 프라모델, 드론, 컴퓨터, 로봇 만들기, 악기 연주하기, 축구, 농구 등 다양한 분야를 경험해보게 하는 게 좋다. 경험해보지 않고는 아이의 재능이 어디에 있는지 모른다.

아이가 갖고 있는 재능을 잘 살리려면 부모의 칭찬과 격려가 필요하다. 알을 품고 있었던 에디슨을 에디슨 엄마가 알아주고 지지해준 것처럼 말이다. 초등학교 시절에 아이가 갖고 있는 재능을 찾기 위해 영어와 수학 선행학습을 시킬 게 아니라 다양한 예체능 경험을 하게 해야 한다. 그 경험 속에 아이만의 강력한 무기가 될 것이 숨어 있다. 초등학교 시절은 그 무기를 찾아주는 시기가 되어야 한다. 그 무기는 아이의 자존감을 높여줄 것이다. 설사 그 재능이 무기가 못 된다 하더라도 최소한 품격 있는 교양인은 만들어줄 것이다.

[가정교육 실천편 3] 공감 능력
: 행동코칭보다 감정코칭이 우선이다

아이가 인생을 살아가면서 어떤 실패와 고난에도 굴하지 않고 강한 마음의 힘이 있는 아이로 키우려면 어떻게 해야 할까? 사실 내면이 강해지기 위해서는 실패와 고난은 필수다. 그 과정을 통해서 아이의 마음에도 굳은살이 박히고, 내면이 강해지는 것이다. 여기까지는 다 아는 얘기다. 다 알면서도 요즘 우리 부모들은 아이가 실수하는 것을 인정하지 않고 아이 앞에 놓인 모든 가시들을 치우기에 바쁘다. 마음의 힘은 우리 감정과도 깊은 관련이 있기 때문에 그동안 우리 사회가 등한시했던 감정에 대해 자세히 들여다볼 필요가 있다.

감정과 관련된 형용사를 몇 개나 알고 있을까? 기쁜, 슬픈, 신나는, 짜증나는, 두려운, 불안한, 외로운 정도가 떠오를 것이다. 우리는 감정을 표현하기보다는 억누르는 것에 초점을 맞추며 살아왔다. 그동안 나 역시 감정이나 감성은 시인들이나 쓰는 단어쯤으로 여겼다. 나에 대한 주위의 평가도 감성적보다는 이성적이며, 뒤끝도 없고, 쿨하다는 내용이 많았다. 이런저런 감정의 가지들을 쳐내고 스피드하게 일했기 때문에 효율성은 좋았지만 나는 행복하지 못했다. 주어진 시간 안에 많은 일들을 해치우듯이 일하고 나면 여유는 잠시뿐 또 다른 수많은 일들이 줄줄이 기다리고 있었다. 행복하고 싶다면 감정을 누르면 안 된다. 눌려 있던 감정들은 엉뚱한 곳에 가서 폭발하기도 하고, 짜증이라는 모호한 감정으로 표출되기도 한다. 그러나 감정을 인식하게 해주고, 공감해주고, 적절하게 표현하게 하면 사람들은 정서적 안정감을 갖는다. 정서적 안정감이 있는 아이는 마음이 부자다. 마음이 부자인 아이들은 사소한 일에 쉽게 무너지지 않고 툴툴 털고 일어난다.

아이가 어릴 때 나는 아이를 부모가 원하는 대로 만들 수 있을 거라고 착각했다. 참 위험한 생각이었다. 아이를 키운다는 것은 채찍과 당근을 가지고 말 못하는 동물을 조련하는 것처럼이 아니라 식물을 키우듯이 적당한 때 물을 주고 햇빛과 바람을 쐬게 해주고, 그다음은 기다려야 한다는 것을 알게 되었다. 싹을 틔우고 자라서 꽃이 피고 열매 맺는 것은 부모가 대신 해줄 수 없고 오로지 스스로 해나가야 한다는 것을 두 아이를 어느 정도 키워보고 나서야 알았다. 지금이라도 알았으니 다행이다. 젊은 부모들은 나보다 더 빨리 알게 되기를 바란다. 이유남 선생님이 《엄마 반성문》에서 제시한, 가트맨 박사가 말하는 아이의 마음을 여는 감정코칭 5단계를 살펴보면 다음과 같다.

1단계: 아이의 감정 인식하기

아이의 감정을 알아차리는 것인데, 아직 언어구사력이 부족한 아이들은 감정을 주로 말보다는 몸 전체로 표현한다. 사람이라면 누구나 나라, 언어, 인종과 상관없이 느낄 수 있는 보편적인 감정이 있다. 기쁨, 슬픔, 화남, 놀람, 경멸, 공포, 혐오 등의 일곱 가지 보편적인 감정은 표정만으로도 느낄 수 있다고 한다. 그러나 보편적인 표정에도 예외가 있을 수 있으므로 "지금 기분이 어때?" 같은 열린 질문을 해야 한다.

2단계: 아이의 감정적 순간을 친해지고 가르치는 기회로 만들기

가트맨 박사에 따르면 감정코칭은 감정을 보이는 순간에 하는 것이 좋다. 특히 강한 감정을 보일 때가 적기다. 아이들이 노골적으로 감정을 드러낸다는 것은 그만큼 누군가의 도움을 간절하게 원한다는 의미고, 도와달라는 신호를 보내는 것과도 같다.

3단계: 아이의 감정을 들어주고 말로 표현하여 공감하기

좋은 감정이든 나쁜 감정이든 편견 없이 아이의 감정을 있는 그대로 진지하게 공감해주는 것이 중요하다. 아이의 감정을 정확하게 이해하고 공감하기 위해서는 아이가 하는 말을 '거울식 반영법'으로 그대로 따라가면 된다.

4단계: 아이 스스로 자기 감정을 표현하도록 도와주기

아이는 자기 마음속에 일어나는 알 수 없는 복잡한 감정들에 잘 대처해 안정을 찾고 싶어 한다. 그러므로 아이가 느끼는 감정에 이름을 붙여주는 것은 마치 문에 손잡이를 달아주는 것과 비슷하다. 감정을 표현하는 행위는 신경계에 진정 효과를 가져와서 아이의 마음을 힘들게 하는 사건에서 빨리 회복될 수 있도록 도와준다. 아이 스스로 감정에 이름을 붙이면서 자기 감정을 표현할 수 있도록 도와준다.

5단계: 스스로 적절한 해결책을 찾도록 도와주고 행동의 한계 정하기

아이 감정을 읽어주고 공감하고 감정에 이름을 붙였다면, 다음은 문제를 해결해야 할 차례다. 감정코칭의 최종 도달점은 아이가 처한 기분 나쁜 상황이나 문제를 해결하는 데 있다. 먼저 감정을 공감해준 다음 행동을 지적해야 아이가 거부감 없이 자신의 행동이 잘못되었음을 받아들일 수 있다. 남에게 피해를 입히는 행동, 자기에게 해를 입히는 행동에 대해서는 분명하게 한계를 그어주도록 한다.

여기까지 잘 했다면 이제 아이와 함께 문제를 어떻게 해결할 것인지 방법을 찾아볼 차례다. 어른들이 더 좋은 해결책을 생각해내더라도 아이에게 먼저 제시하는 것은 좋지 않다. 그보다는 아이 스스로 다양한 해결책을 찾도록 질문하는 것이 바람직하다. 아이가 생각해낸 해결책의 성공 가능성, 실현 가능성, 효과 등을 생각해볼 수 있도록 질문하면 아이는 해결책에 대해 다시 고민할 수 있는 시간을 갖게 된다. 아이들은 어른들이 생각하는 것보다 훨씬 현명하다. 어떤 해결책을 선택하는 것이 가장 좋은지 아이는 잘 알고 있다.

'공감 능력'의 중요성은 아무리 강조해도 지나치지 않을 만큼 기계가 갖지 못한 인간만의 고유한 영역이다. 고기도 먹어본 사람이 맛을 알듯이 공감도 받아본 사람만이 다른 사람의 마음에 공감할 수 있다. 아이들이 비뚤어진 것은 가정환경의 영향이 크다. 그 아이의 힘든 마음을 공감해준 단 한 명의 어른만 있었어도 그렇게 비뚤어지지는 않았을 것이다. 나는 그동안 감정코칭보다는 지시하고 명령하는 행동코칭을 해왔다. 행동코칭의 위험성을 잘 알지 못했고 감정코칭이 무엇인지도 잘 몰랐다. 왜 행동코칭이 위험할까? 예를 들어, 아이가 컴퓨터를 하고 있다고 치자. 부모가 보기에는 공부도 안 하고, 게임만 하는 것 같아서 화가 난다. 이때 대부분은 이렇게 말한다. "컴퓨터 끄고 공부해!" 행동을 코칭하고 있다. 이것은 역효과만 난다.

　아이들이 가장 고민하는 친구관계에 문제가 생겼을 때의 대화법을 살펴보자. 아이는 친구와 싸워서 마음이 너무 아프고 힘들어하고 있다. 하지만 엄마의 반응은 겉으로는 안아주고 있지만 말로는 "도대체 왜 울어? 그만 울어."라며 행동을 코칭하고 있다. 이건 잔소리로만 들린다. 말에 비난과 경멸이 섞여 있기 때문에 아무리 좋은 말을 해도 귀에 들어오지 않는다. 그러면 아이는 마음의 문을 닫는다. 아이는 어른에게 더 이상 고민을 말하지 않는다.

　그렇다면 감정코칭 대화는 어떨까?

　"마음이 아프구나." 이렇게 말하는 것이 경청이다. 귀를 쫑긋 세우고 들어주는 것이다. 아프다고 하니까 '아프구나' 하고 같이 느껴주는 것이다. 그리고 그다음에는 공감이다. "정말 마음이 아팠구나. 나 같아도 아팠을 거야. 어떻게 하면 기분이 좀 더 나아질 수 있을까?" 해결 방법도 부모가 제시하기보다는 아이가 스스로 찾게 한다. 그러면 아이는 마음을 열고 얘기할 수 있다. 감정코칭은 "오냐. 너 힘들지?"라는 것이 아니다. 감정 차원에서 한편이 돼주는 것이다. 그다음은 좀 더 성숙해지고 책임 있는 행동을 스스로 선택하게 유도하는 기술이다.

나 또한 이런 감정코칭에 대해 알게 된 지 얼마 되지 않았다. 감정코칭은 아이를 약하게 키우는 방법이라고 오해한 적도 있다. 이 감정코칭의 효과를 나는 남편을 통해서 확인할 수 있었다. 우리 집에서 내가 추진력이 엄청난 행동대장이라면 아빠는 감정을 어루만져주는 따뜻한 사람이다. 남편의 그런 모습을 오히려 우유부단하다고 폄하하며 단점으로 인식하기도 했었다. 나와는 문제가 있는데, 아이들이 아빠랑 사이가 좋은 것은 아빠를 만나는 시간이 얼마 되지 않기 때문이라며 스스로 합리화하기도 했다. 그런데 이상하게도 남편에게 아이들 때문에 화난 마음을 쏟아내고 나면 마음이 정제되곤 했다. 남편이 아이들 때문에 화난 나의 마음에 귀 기울여 들어주고 공감해주니 아이들에게 화난 마음이 누그러지고 나 자신을 돌아보게 되는 것이다. 그게 바로 공감의 힘이었다. 남편은 우유부단했던 것이 아니라 나와는 다르게 공감 능력이 탁월했던 것이다. 내가 배우고 노력해야 하는 부분이다.

내가 감정코칭에 대해 잘 모르던 시절 후회되는 일도 있었다. 큰아이가 초등학교 5학년 때쯤이었던 것으로 기억한다. 집에 돌아와 보니 큰아이가 씩씩거리며 울고 있었다. 왜 우냐고 물었더니 학교에서 스카우트 활동에 조금 늦었는데 늦은 이유에 대해 제대로 말을 못 한다고 선생님께 혼났다는 것이다. 그때 내 귀에는 늦은 이유에 대해서 제대로 말을 못 했다는 말만 엄청 크게 들려서 "그러니까 말을 제대로 했어야지."라며 울고 있는 아이를 다그쳤다. 지금 다시 그 장면으로 돌아간다면 나는 울고 있는 아이를 우선 따뜻하게 안아주었을 것이다. 그런 다음 억울한 아이의 마음에 공감을 먼저 해주었을 것이다. 그러면 아이는 스스로 다음에는 말을 똑바로 해야겠다는 생각을 갖게 되었을 것이다.

사람은 자신의 이야기를 잘 들어주는 사람을 좋아한다. 해결책을 제시해주지 않아도 좋다. 속상한 이야기, 골치 아픈 이야기를 누구에게 이야기하고 나면 마음도 후련하고 말하는 동안 정리가 되어서 스스로 해결책을 찾게도 된다. 내 이야기를 잘 들어주는 사람에게는 무장해제된다. 부모는 그런 사람이 되어야 한다. 아직도 잘 하지는 못하지만 이제 아이들의 이야기를 잘 들어주려고 노력한다. 아이들에게 나에게 맞추라고 하기보다 아이들의 관심거리에 같이 관심을 가져주려고 노력하고, 성취 결과보다는 열심히 노력하는 과정을 칭찬하려고 한다. 지시나 명령을 부탁의 어조로 바꾸었다. 그랬더니 아이들의 변화가 보이기 시작했다. 말이 없던 첫째 아이가 나에게 문자 메시지를 보내고 학교 친구들 이야기를 조금씩 해주기 시작했다. 둘째 아이는 신이 나서 종달새처럼 하루 종일 지저귄다. 둘째 아이가 딸 노릇을 한다.

공감 능력은 대단히 중요하다. 사람은 사회적 동물이라 절대로 혼자서는 살 수 없다. 아이가 말을 안 하고 엄마인 나와 대화를 피하려 한다면 나의 공감 능력을 되돌아보아야 할 때다. 아무리 옳은 신념일지라도 아이들에게 일방적으로 강요하는 것은 '반항'이라는 부작용만 초래할 뿐이다. 나도 수용과 타협의 과정이 아이들과의 대화에 꽤 유용하다는 사실을 깨달은 지 얼마 되지 않는다. 사랑을 많이 받아본 사람이 사랑을 줄 수 있듯이 공감을 받으며 자란 아이가 다른 사람과 공감할 수 있다. 공감 능력이 우수한 아이는 사회성도 좋아서 친구들과의 관계 역시 원만하다. 공감 능력이 있는 아이는 마음의 힘도 세다. 실수하고 실패하고 넘어져도 툴툴 털고 다시 일어날 것이다.

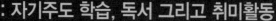

04.
[가정교육 실천편 4] 창의성
: 자기주도 학습, 독서 그리고 취미활동

2010년 IBM에서 1500명의 CEO에게 미래에 가장 중요한 리더십 덕목이 무엇이라고 생각하는지에 대해 조사했는데, 그 결과 가장 많은 것이 바로 '창의력'이었다. 창의력이란 무엇일까? 한마디로 정의하는 것은 쉽지 않지만 흔히 창의력은 '무엇인가 독창적이고 유용한 것을 만드는 능력'을 의미한다. 창의력을 가지려면 수렴적 사고와 발산적 사고를 동시에 해야 한다고 한다. 결국 우뇌와 좌뇌를 모두 잘 활용하는 사람이 창의적이라는 것이다. 문·이과 통합 교육과정과 융합의 개념이 이 창의력을 키우기 위해 나온 듯하다.

인간의 좌뇌와 우뇌가 서로 다른 역할을 한다는 것을 실험을 통해 처음 밝힌 사람은 미국의 신경생물학자인 로저 스페리(Roger Sperry)다. 그는 이 연구로 1981년에 노벨의학상까지 수상했다. 일반적으로 우뇌가 우세한 사람은 창조적이고 예술적이며, 문제해결에 있어서 감정적이고 직관에 의존하는 경향이 높다. 엉뚱한 곳으로 튀는 경향이 많아서 발산적 사고를 한다고 말하기도 한다. 그에 비해 좌뇌가 우세한 사람들은 논리적이고 분석적이며, 신중하고 계획적이다. 그만큼 일 처리도 세심하게 잘한다. 흔히 우리가 '공부를 잘한다'고 하는 것은 이런 좌뇌의 특성과 밀접하고, 기업에서 실수 없이 맡은 일을 잘 처리하는 것도 이런 좌뇌형 인간에게 잘 맞기 때문에 그동안의 산업사회에서는 좌뇌형 인간이 득세한 것이 사실이다. 좌뇌형 인간은 여러 가지를 종합하고 분석하는 능력이 뛰어나기 때문에 수렴적 사고를 한다고 말하기도 한다.

그러나 앞으로는 좌뇌와 우뇌를 잘 활용하여 다양하고 독특한 아이디어를 많이 만들어내고, 가장 좋은 결과를 끌어낼 수 있는 아이디어를 조합하는 과정을 반복하면서, 기획과 실행을 주도해나가는 인재가 필요할 것이다. 아이의 창의성을 키우려면 튼튼한 기초지식을 얻기 위한 자기주도적 학습, 독서, 취미활동 등이 필요하다. 좀 더 자세히 알아보자.

자기주도 학습

자녀교육에 관한 엄마들의 바람은 부모가 시키지 않아도 자녀가 알아서 척척 공부하는 자기주도적 학습 습관을 갖는 것이다. 그러나 아이가 공부를 잘할 수 있도록 도와주고는 싶은데 방법을 몰라 애가 타는 부모가 많다. 특히 학창 시절에 공부를 잘하지 못했던 부모일수록 더욱 난감하다. 부모 자신도 공부하는 방법을 잘 모르기 때문이다. 학창시절에 공부 좀 한다는 소리를 들었던 나도 내 아이가 공부를 좋아하게 만들기가 힘들었다. 빨리 따라오지 못하는 아이에게 차근차근 대화하고 설득하기보다 강요하고 지시했다. 설득보다 편했기 때문이다. '공부는 습관'이라는 생각이 강해서 습관을 잡아주기 위해 애를 많이 썼다. 그러나 이제 생각해보니 '공부는 습관이 중요하다'는 생각은 반은 맞고 반은 틀렸다.

공부 습관도 중요하지만 내가 왜 공부를 해야 하는지에 대한 목적 의식이 앞서야 한다. 내재적 동기가 더 중요하다는 말이다. 그러나 어린 나이에 내재적 동기가 생기기는 어렵다. 그래서 아이 스스로 내재적 동기가 생기기 전까지 부모가 아이가 노력한 과정에 대해 칭찬, 격려, 인정, 지지하는 것이 중요하다. 그렇게 공부하다 보면 재미있어지기도 하고, 관심 있는 분야의 공부가 생기기도 한다. 그러나 대부분의 부모들은 아이가 노력한 과정에 대한 칭찬보다 결과에 대한 비난과 질책을 더 많이 한다. 결과적으로 공부와 더 멀어진다. 공부에 대한 목적 의식 즉, 내재적 동기가 생기지 않으면 아이를 학원에 보내도 효율성이 떨어진다. 학원에는 친구를 만날 목적으로 엄마의 잔소리를 피해 가방만을 들고 다닐 뿐이다.

부모가 무심코 "이번에는 2등을 했구나. 다음에는 1등 해야지?"라고 했다면 아이가 결과를 중시하는 평가 목표를 갖게 만들 수 있다. 반면 "네가 열심히 노력하는 모습을 보니 대단하네. 엄마도 네가 자랑스럽다."처럼 아이의 노력을 인정하는 말, 응원이 담긴 말을 해주면 아이는 정서적인 안정감과 용기를 얻어 내재적 동기를 키워갈 수 있다.

아이의 자기주도적 학습 습관을 돕기 위해서는 아이와의 대화, 부모의 칭찬과 격려의 말이 대단히 중요하다. 아이가 아직 공부에 대한 내재적 동기가 없다면 아이가 한 일에 대해 과정과 노력을 칭찬해주고, 좋은 습관을 만들어가며 기다리는 수밖에 없는 것 같다. 그 과정이 부모 입장에서는 도를 닦는 과정이라도 말이다.

당나귀에게 물을 먹이기 위해 억지로 냇가에 끌고 갈 수는 있지만 억지로 물을 먹일 수는 없다는 사실을 나는 부모가 돼서야 깨달았다. 아이가 커갈수록 관찰과 대화를 통하여 아이의 재능을 발견해주고, 과정을 칭찬해줌으로써 공부에 대한 동기를 찾을 수 있도록 도와야 한다. 공부할 수 있는 환경을 갖추어주고, 꾸준히 공부하는 습관을 가질 수 있도록 도와주는 것이 부모의 몫이다. 부모는 TV 드라마를 보면서 아이에게만 공부하라고 하면 안 된다. 아이가 공부하는 시간에는 공부하는 환경을 만들어야 하는 게 기본이니 부모도 그 시간에는 자기만의 공부나 책을 읽는 게 좋다. 그마저도 힘들다면 TV 소리라도 낮춰야 하지 않을까?

자녀와 대화를 통하여 합의된 어느 정도의 일관성 있는 규칙을 갖되, 그 규칙 안에서 자유롭게 자신의 시간을 운영할 수 있도록 자율성을 부여해주면 더욱 좋다. 자녀교육에 있어서 부모와 자녀의 거리에 대해 세심하게 신경 써야 한다. 너무 가까우면 아이가 자율성을 잃을 수 있고, 반대로 너무 멀면 자녀를 방임하게 된다. 조화와 균형이 필요하다.

독서

아이의 창의성을 키우려면 튼튼한 기초지식을 얻기 위한 자기주도 학습뿐만 아니라 독서도 매우 중요하다. 책을 통해서 닮고 싶은 사람을 만나기도 하고, 나와 비슷한 고민을 하고 있는 사람을 만나기도 하며, 그런 나의 고민을 이미 경험하고 깨달은 바를 전해주는 사람도 만난다.

내가 그나마 조금씩 '생각'이라는 것을 하게 된 이유는 그동안 매일 1시간씩 읽은 독서의 힘이다. 아이를 키우면서 10년 동안 하루에 1시간씩 책을 읽은 이유는 나 때문이 아니라 사실 아이들 때문이었다. 우리 아이들이 공부 잘하기를 바랐던 나는 아이들이 하루에 1시간씩 책을 읽는 시간을 정해놓았다. 저녁을 먹고 8시부터 9시는 아들 둘과 나, 이렇게 셋이서 거실에 앉아 책을 읽었다. 아이 둘이 책을 보는데 나 혼자 텔레비전을 볼 수 없었다. 그래서 나도 어쩔 수 없이 책을 읽게 되었다. 하루 1시간 책 읽기의 힘은 생각보다 컸다. 그 시간이 있었기에 나는 그동안 좋은 책들을 만날 수 있었고 조금씩 생각의 씨앗이 자랐다.

독서를 실천하는 또 하나의 방법은 도서관에 함께 가는 것이다. 교회에 다니는 사람들은 일요일 오전에 목사님의 좋은 설교를 들으러 교회에 간다. 종교가 없는 우리 가족은 둘째 아이가 초등학교 4학년이 되면서부터는 동네 도서관에 간다. 2시간쯤 각자 원하는 책을 읽고 일주일 동안 집에서 읽을 책을 4~5권 빌려온다. 나와 아빠와 큰아이는 자신이 원하는 책에 집중해서 읽는데 둘째 아이는 만화책을 좋아했다. 그래서 책을 빌릴 때는 둘째 아이가 좋아하는 만화책과 줄글 책을 섞어서 빌리게 했다. 개성 강한 둘째 아이와는 대화와 타협이 제일이다. 부모의 생각을 강하게 밀어붙이기보다는 부모의 입장에서 하나를 빼고, 아이의 입장에서 하나를 빼면 크게 다툴 일이 없다는 것을 깨달은 지 얼마 안 된다. 아이가 무슨 일을 하든 책을 평생 동안 친구로 삼았으면 하는 마음이다.

동네에 있는 도서관은 조용하고 아늑하다. 우리 집은 일요일 오전마다 도서관 순례를 한 지 3년 정도 되었는데 1년에 한 번씩 도서관을 바꾸었다. 도서관마다 분위기가 조금씩 다르고 보유하고 있는 책들도 다르기 때문이다. 일요일 오전의 도서관 문화생활은 돈도 안 든다. 게을러지는 마음을 조금만 뒤로 하고 좀 부지런을 떨면 된다. 지금 내가 다니는 도서관은 넓은 창문을 통해 아름다운 산자락이 통째로 들어와 있다. 집에서는 볼 수 없는 아름다운 자연경관은 덤이다.

취미활동

아이의 창의성을 기르기 위해서는 자기주도 학습과 독서 외에도 취미활동이 필요하다.

"5억 명의 온라인 친구, 전 세계 최연소 억만장자, 하버드 천재가 창조한 소셜 네트워크 혁명!" 무엇을 말하는 것일까? 이것은 페이스북의 창업자 마크 저커버그 이야기를 영화로 만든 〈소셜 네트워크〉의 광고 카피다. 저커버그는 사교성 제로의 아웃사이더에 조금 재능 있는 컴퓨터 오타쿠였다. '천재는 어딘가 떨어지는 부분이 있다'의 전형적인 케이스인 모양이다. 여자에게 차인 그는 쿨하지 못하게 하버드대 기숙사의 모든 여성 신상을 털어서 올리는 짓으로 일약 유명해진다. 이것이 페이스북의 전신이다. 만약 마크 저커버그가 하버드에서 공부만 열심히 했다면 이런 위대한 발명을 할 수 있었을까? 아마 어려울 것이다.

IT 기기에 익숙하지 않은 부모는 아이가 컴퓨터와 스마트폰을 들여다보는 것이 탐탁치 않다. 물론 나도 그렇다. 그러나 지금의 10대들은 이미 우리와는 다른 세대다. '디지털 네이티브'라고 불리는 이 세대들은 20대가 될 때까지 인터넷에서만 2만 시간 이상을, 인터넷 게임 및 비디오 게임을 하느라 1만 시간 이상을 쓴다고 마크 프렌스키는 저서《디지털 게임기반 학습》에서 밝혔다. 따라서 아이들이 공부는 안 하고 디지털 기기를 가지고 논다고 혼내기만 할 것은 아닌 것 같다. 경계할 것은 아이가 디지털 기기에 빠져 자신이 할 일을 제대로 하지 않거나 하루 종일 게임만 하는 것이다. 그러나 아이가 디지털 기기를 이용하여 자신의 취미생활을 하고 있다면 지지하고 격려해야 한다.

우리 첫째 아이는 스타워즈 광팬으로 레고 모으기, 프로그램 이용해 게임 만들기, 게임 스토리 쓰기가 취미다. 중학교에 들어가서 시간 날 때마다 틈틈이 게임을 제작하고, 게임 스토리 쓰기를 1년 동안 하더니, 중학교 3학년이 되면서부터는 게임제작 관련 온라인 카페 활동에 참여하고, 블로그를 만들어 자신이 만든 게임 스토리를 연재하기 시작했다. 게임 제작과 블로그 운영에 필요한 공부는 인터넷이나 책을 통해 스스로 익혀나갔다.

우리 둘째 아이는 만화책과 음악 듣기, 애니메이션 보기와 피규어 모으기, 피규어 배경 만들기가 취미다. 아이의 취미생활을 인정해주고 지지해주자 아이는 하기 힘들어하던 책 읽기와 공부도 '꾹' 참고 하는 시간이 늘어났다. 아이가 좋아하는 취미가 생기면 무기력한 아이 모습에 훨씬 생기가 돌고 공부와 삶에 적극적으로 참여한다는 사실을 몸소 경험하고 있다. 나의 취미는 책 읽기와 글쓰기다. 덕분에 이렇게 나의 경험과 생각을 책으로 출판하게 되었다.

창의적인 산출물과 창의성은 아이의 취미생활에서 나온다고 생각한다. 아이의 취미가 무엇인지 관찰하고, 그 취미를 어떻게 살려나갈지 도와주는 부모가 되어야 한다. 당신의 아이는 어떤 취미를 갖고 있는가? 아이의 취미를 보면 아이의 진로가 보인다.

05.
[학교교육 실천편 1]
교사, 당신은 교육전문가입니까?

　대학 시절에 교육학 수업에서 '교사는 성직자인가? 노동자인가? 전문가인가?'에 대해 다뤘던 기억이 있다. 교사 경험 20년째인 나는 요즘 교사는 전문가여야만 한다는 생각이 강해졌다. 아무나 아이를 가르칠 수는 없고 그래서도 안 된다. 전문적으로 교육된 사람만이 아이들을 가르쳐야 한다고 생각한다. 특히 숙련되지 못한 교사가 아이의 행동에 대한 화를 조절하지 못하고 말과 체벌로 준 상처는 아이의 가슴속 깊이 상처를 남긴다. 교사는 가정에서 상처받고 외로운 아이에게 위로와 희망이 되어야 한다. 아이를 두 번 죽여서는 안 된다. 교사에게서 받은 상처 때문에 자신이 범죄자가 되었다는 사람들이 이를 증명해준다.

　체벌이 사라진 교실에서 교사의 권위는 어디에서 나올까? 나는 교사의 전문성에서 나온다고 생각한다. 재작년에 음악 교과를 할 때의 이야기다. 교사의 말에 항상 부정적인 삐딱이가 있었다. 한눈에도 아이의 가정형편이 여유롭지 못하다는 것을 알 수 있었다. 그런 아이가 음악시간에 힘없이 앉아 있었다. 얼굴색도 좋지 못했다. 어디 아프냐고 물었더니 아침을 못 먹어서 힘이 없다고 했다. 더 충격적인 사실은 어제 저녁도 못 먹었단다. 그런 아이에게 노래를 부르고 리코더를 불자고 할 수는 없었다. 두 끼를 굶은 아이는 몸에 에너지가 없었다. 다행히 다음 시간이 급식을 먹는 점심시간이었다.

아이가 수업에 집중하지 못하는 데는 다 이유가 있다. 아이를 혼내기에 앞서 수업에 집중하지 않고 딴짓을 하는 이유가 무엇인지부터 알아봐야 한다. 교사의 전문성이라는 건물이 있다고 가정하면 그 주춧돌은 인간에 대한 이해와 사랑이다. 그 주춧돌 위에 생활지도와 수업 기술의 두 기둥을 세워 교실이라는 집을 완성해야 한다. 교사의 권위는 이 집을 견고하게 짓는 과정에서 나온다고 믿는다.

자신이 가르치는 대다수의 아이와 학부모가 교사의 권위를 무시하고 무례하게 군다면, 교사 자신의 전문성을 돌아보고 전문성을 갈고닦는 데 더 부지런을 떨어야 할 것이다. 체벌이 사라진 지금은 교사도 수업과 생활지도에서 전문성을 갖지 않으면 능력 없는 교사로 외면당할 뿐만 아니라 학교생활이 불행해진다. 아이와 학부모들에게 인정받지 못하는 교사는 학교에서 버티기 힘들다. 이런저런 민원에 시달리다 보면 교장, 교감, 동료교사들의 눈치가 보이고 자존감이 떨어져 버틸 수가 없기 때문이다. 학부모들은 젊은 교사를 선호한다. 아이들과 세대차이가 많이 나지 않아서 아이들과 잘 통할 것 같기 때문이다. 반면에 나이 많은 교사를 싫어한다. 옛날식으로 낡은 교육을 할 것이라는 편견이 있기 때문이다. 학부모의 생각은 반은 맞고 반은 틀렸다. 너무 어린 신규교사들은 경험이 부족하여 학급경영에 애를 먹고 있는 경우가 많으며, 나이 많은 교사 중에도 아이들 교육활동에 열심인 분들도 있다.

신규교사가 학급경영에 애를 먹고 실패하는 이유는 무엇 때문일까?

첫째, 임용고시에 합격하여 막 학교에 발령받아 나온 신규교사는 그동안 학교에서 엘리트로 살아왔다. 엘리트들은 공부가 힘든 아이들에 대한 이해가 부족하다.

둘째, 자신만의 학급경영 노하우가 없기 때문에 남들이 좋다는 자료를 찾아 모두 투입시키기에 급급하다. 아무리 좋은 자료라고 해도 자기 반에 맞게 선별하는 지혜가 필요한데 그게 하루아침에 되지 않는다.

셋째, 교육철학의 부재다. 아직 자신이 어떤 교사가 되어야겠다는 철학이 없다. 안정적인 직업으로 교사를 택한 경우가 대다수다.

넷째, 초등교사도 적성이 필요한데 성적과 주변의 권유로 교사가 된 사람이 있다. 대인관계를 기피하거나 사회성이 떨어지는 사람은 교사라는 직업에 맞지 않다. 사람들과 잘 지내는 성격 좋은 사람이 유리하다. 초등학교 교사는 한 곳을 집중적으로 파는 학자나 외골수 스타일에게도 맞지 않다. 여러 과목을 가르쳐야 하기 때문에 나무를 보는 사람보다 숲을 볼 줄 아는, 시야가 넓고 관심 분야가 많은 사람이 적합하다. 말을 잘해야 하는 직업이기 때문에 이과형 두뇌를 가진 교사보다는 문과형 두뇌를 가진 교사가 더 많은 것도 사실이다. 물론 자신의 적성에 맞아 남들보다 시행착오를 덜 겪고 일찍부터 자신의 역량을 잘 갈고닦아 전문적인 교사의 길로 나아가는 신규교사들도 분명히 있다. 그러나 대부분의 신규교사들은 힘들어한다. 첫술에 어찌 배부를 수 있겠는가?

그렇다면 아이들과 학부모가 싫어하는 나이 많은 교사의 문제점은 무엇일까?

첫째, 아이들과 세대차이가 많이 나서 아이들을 제대로 이해하지 못할 수 있다.

둘째, 새로운 지식과 기술을 받아들이기가 어려워 미래 지향적인 교육이 아니라 과거 지향적인 교육을 한다.

셋째, 체력적으로 힘들다 보니 의자에 앉아 클릭만 하는 교사가 될 수 있다.

넷째, 체벌이 사라진 지 오래되었는데, 체벌이라는 낡은 옷을 아직도 벗지 못하고 있다.

그러나 다행스럽게도 나이 많은 교사들 중에서도 아이들과 학부모들에게 인정받고 후배들에게 존경의 대상이 되는 분들도 분명히 있다. 그들의 공통점은 다음과 같다.

첫째, 나이를 핑계로 동료교사에게 일을 미루지 않고 자기 몫을 다하려고 노력한다.

둘째, 항상 배움을 게을리하지 않고 새로운 기술을 받아들이는 데 적극적이다.

셋째, 아무도 관심 없어 하는 호랑이 담배 피던 시절의 과거 교육을 꼰대처럼 되풀이해서 이야기하지 않는다.

넷째, 교육에 대한 전문성을 가지고, 고민하는 후배에게 상담가가 되어준다. 수업과 생활지도가 힘든 젊은 후배교사가 내게 학급경영에 대한 조언을 구한다면 자기만의 교육철학이 무엇인지, 아이들을 어떤 사람으로 키우고 싶은지부터 먼저 생각해보라고 할 것이다. 그다음에 자기 반 아이들의 이해와 성향을 바탕으로 한 학급운영 시스템 구축이 필요하다고 말하고 싶다. 모든 학급에 만병통치약 같은 모델은 없다. 기본 골격은 있으나 어느 부분에 살을 더 붙이고 뺄지는 교사 자신의 몫이다.

학급운영 시스템은 생활지도와 수업이 기본 골격이다. 생활지도를 잘하지 못하면 교실이 엉망이 된다. 우선 생활지도가 되어야 아이들 수업을 제대로 할 수 있다. 수업을 잘하지 못하면 무능력한 교사가 되고 교사의 권위가 서지 않는다. 생활지도와 수업은 학급운영의 중요한 두 수레바퀴. 신규교사는 생활지도와 수업에 대해 부지런히 배우고 익혀서 교사의 전문성을 키워나가야 즐겁고 보람 있는 학급운영을 할 수 있을 것이다. 전문성이 없다면 학급경영이 힘들어진다. 학교 가기가 두렵다가 결국에는 학교를 떠나고 싶어질지 모른다.

학급운영의 제1 키워드는 수업보다 생활지도가 우선이다. 생활지도가 되지 않으면 수업을 제대로 할 수 없다. 따라서 교사는 먼저 아이들 생활지도에 대한 전문성을 확보해야 한다. 생활지도에 관련해서는 학생 이해, 감정코칭, 상담, 진로교육, 학급경영, 사회적 약자에 대한 공부가 필요하다. 20년간 깨달은 나의 생활지도에 대한 노하우는 다음과 같다.

첫째, 교사와 학생의 관계 맺기, 소통 능력이 중요하다

아이들과의 관계 맺기와 소통은 대단히 중요하다. 그러나 이것을 잘 못해서 상처받고 고통받는 교사들이 얼마나 많은가? 그렇다면 관계를 잘 맺고 소통을 잘하려면 어떻게 해야 할까? 관계 맺기의 본질은 존중과 이해이고, 소통의 본질은 공감이다. 결론적으로 말하면 아이에 대한 이해와 존중, 공감 없이는 제대로 교육할 수 없다는 것이다.

아이들과 관계를 잘 맺기 위해서는 아이들의 관심사에 관심을 갖고 소통해야 한다. 내 틀에 아이들을 가둘 것이 아니라 아이들의 관심사를 살펴보고 이해하려는 마음이 필요하다. 아이들 관심사에 선생님이 관심을 가져주면 아이들은 우리 선생님과는 대화가 통한다는 느낌을 갖게 될 것이다. 교사가 세대차이를 좁힐 필요가 있다. 또한 아이들의 관심사는 좋은 교육재료로 쓸 수도 있다. 아이들을 이해하기 위해 일부러 개그 프로그램이나 대중가요, 드라마 등을 챙겨 본다는 선생님들도 많다.

나는 우리 집 아이들을 키우는 동안 교사의 전문성에 대해 제대로 공부할 수 없었다. 매일매일 산적해 있는 일들을 해치우기에도 벅찼기 때문이다. 그나마 다행인 것은 우리 아이들을 키우면서 내 맘대로 되지 않는 자녀교육에 좌절감을 느끼며, 공부 못 하는 아이들에 대한 이해와 학부모의 마음을 어느 정도 이해하게 되었다는 것이다. 내 아이를 키우면서 요즘 아이들의 관심사를 알게 된 것도 큰 장점이다. 부모로서의 경험이 큰 도움이 된다. 교실에서 아이들과 관계를 맺고 소통하는 것은 숨 쉬는 공기만큼 중요하다.

둘째, 교사는 감정코칭을 할 수 있어야 한다

옛날에는 관계 맺기와 소통 대신에 체벌로 다스렸다. 때리고, 벌주고, 위협하고, 공포감을 조성한 결과 아이들은 교사 앞에서 말을 듣는 척만 했을 뿐이다. 체벌이 사라진 교사에게 남겨진 무기는 무엇인가? 교사가 장착해야 할 무기는 감정코칭 능력이다. 이 무기를 장착하지 못한 교사는 대들고, 반항하고, 무기력한 아이들 때문에 분노를 참지 못하고 순간적으로 욱해서 체벌과 언어폭력을 하게 되고 아차 싶은 순간을 맞이할 것이다. 그러나 이미 엎질러진 물로 인해 폭력교사로 낙인찍혀 동료교사와 아이들로부터 외면받고, 학부모의 민원에 시달리는 지옥 같은 교사생활이 기다리고 있을 것이다. 경력이 오래된 일부 교사는 아이들이 옛날 아이들과 같지 않다고 하는데, 요즘 아이들은 어떤 특성이 있을까?

① 공부에 대한 스트레스가 심하다.
② 놀고 싶어도 친구들이 모두 학원에 가 있어서 놀 친구가 없다. 따라서 스트레스를 풀 수 없다.
③ 전업주부 엄마의 지나친 관심이 부담스럽다.
④ 바쁜 맞벌이 부부 아이는 외롭고 쓸쓸하다.
⑤ 공부로 인정받지 못하는 아이는 현실 생활의 탈출구로 스마트폰 세상, 게임 세상으로 빠져든다.
⑥ 공부만을 강요하는 딱딱한 학교가 재미없다. 고학년쯤 되면 학습된 무기력이 극에 달해서 좌절된 욕구와 스트레스를 친구를 괴롭히는 가학적인 형태로 풀기도 한다.

이런 아이들이 한 반에 25~30명쯤 있으니 아이들을 지도하기가 쉽지 않다. 특히 이 아이들 중 20%는 바쁜 부모에게서 제대로 보살핌을 받지 못해 충동 조절이나 분노 조절 장애를 겪고 있다. 발령받은 지 얼마 안 된 후배교사는 힘들게 하는 아이가 악마로 보인다고 했다. 나 또한 그런 시절이 있어서 이해가 간다. 하지만 그 아이가 그런 짓을 할 때는 정말로 악마여서가 아니라 반드시 그 이면에 악마 짓을 하게 만드는 가정환경이 있다는 것을 알게 되었다. 문제 아이는 없다. 문제 부모, 문제 환경이 있을 뿐이다. 그런 경우 양육자와의 상담이 필수적이며 양육 방식에 어떤 문제가 있는지 원인을 분석해야 한다. 알코올 중독 아빠, 부부 불화, 폭력적인 아빠, 우울증 엄마 등 부모의 문제로 인해 아이의 마음이 병들어 있는 경우가 많다. 양육자와 상담하고 문제의 심각성을 깨닫도록 하여 부모의 적극적인 협조를 이끌어내는 게 관건이다. 그리고 학교에서는 그 아이가 정서적으로 안정감을 느낄 수 있도록 품어주고, 격려해주고, 용기를 북돋워줘야 한다. 그 아이가 악마 짓을 할 때마다 교사는 감정코칭을 하고, 아이가 사소한 일에도 참지 못하고 분노가 끓어오를 때 자신의 감정을 조절할 수 있도록 감정코칭 기술을 익힐 수 있도록 훈련시켜야 한다. 충동이나 분노 조절은 훈련이 필요하다. 또한 아이의 정신 상태가 심각하다고 판단되면 전문적인 상담을 받을 수 있도록 적극 주선해주어야 한다.

감정 조절 방법은 5학년 도덕책에도 나와 있다. 화가 나면 곧바로 행동하지 않고 잠시 멈추어 심호흡을 한다. 그리고 문제해결 방법을 생각하고, 나 메시지 전달 방법을 통해 자신의 감정을 차분히 설명하고 상대에게 올바른 행동이나 사과를 부탁하도록 한다. 아이들에게 감정코칭 훈련을 하면 교실에 평화가 찾아온다. 물론 그 평화가 찾아오기까지 많은 연습과 시간이 필요하다. 첫술에 배부르랴? 아이들에게 배움과 성장, 그리고 교실에 평화가 찾아오면 그것만으로도 충분히 보람 있는 일이 아닌가? 학교는 아이들이 안전하게 사회성을 배우고 연습할 수 있는 공간이 되어야 한다.

감정코칭에서 중요한 것은 교사부터 아이들에게 몸소 보여주어야 한다는 점이다. 한 아이가 교사를 화나게 했어도 교사가 소리 지르지 않고 차분히 감정코칭 방법을 쓴다면 아이들도 은연중에 따라 배울 것이나. 교실에서 교사가 화를 내며 크게 소리 시르는 것도 초등학생들에게는 폭력일 수 있음을 명심해야 한다.

셋째, 교사는 학기 초가 되면 아이들에게 지켜야 할 규칙에 대해 알려야 한다

학교는 여럿이 함께 생활해야 하는 공동체이기 때문에 규칙이 필요하다. 교사가 일방적으로 규칙을 정하고 따르기를 강요하기보다 공동체 생활을 하기에 앞서 아이들에게 필요한 규칙이 어떤 것이 있을지 먼저 묻는 게 좋다. 그러나 규칙을 따르지 않았을 때 어떤 제재를 가할지는 아이들에게만 맡기면 안 된다. 잘못하면 아이의 인권을 침해할 소지가 있기 때문이다. 교사의 적당한 간섭과 심의가 필요한 부분이다. 학급에서 정해진 규칙은 부모에게도 알리고 동의 서명을 받는 게 좋다. 부모도 학급 규칙을 알 권리와 아이가 학교 규칙을 지키도록 도울 의무가 있기 때문이다.

규칙은 크게 학교 규칙이 있고, 학년 규칙이 있고, 학급 규칙이 있다.

학교 규칙은 이미 학교 전통 대대로 내려오는 규칙들이다. 시대에 맞지 않는 부당한 규칙은 교사 또는 전교 어린이회의에 건의해서 회의를 통해 고치면 된다. 함께 의논해야 할 규칙은 학년 규칙과 학급 규칙이다. 학년 규칙은 반드시 학년에서 함께 지켜야 할 규칙들이다. 동 학년 선생님들과 먼저 함께 의논하고 학기 초에 학년 아이들 전체가 모였을 때 동의를 구해야 한다. 우리 학년의 경우에는 핸드폰 사용 규칙과 복도에서 뛰는 행동에 대해 규칙을 정해서 같이 지키도록 했다. 이를 어길 시에는 쉬는 시간에 반 별로 돌아다니며 "학교에서 휴대폰을 바르게 사용합시다. 복도에서 뛰지 맙시다"라고 외치며 캠페인을 여는 것에 동의하고 함께 지켜나갔다. 학습 분위기를 흐리게 만드는 무분별한 핸드폰 사용과 안전사고의 위험이 큰 복도에서 뛰는 행동만 강력하게 강조해도 학년에 평화가 찾아온다. 아이들은 복도에서 뛰는 아이를 보면 "야, 너 복도에서 뛰면 캠페인해야 돼."라고 말하며 스스로 자율과 통제의 노력을 보였다. 다 같이 어울려 사는 공동체에서 어느 정도의 규칙과 질서는 필요하다.

학급 규칙은 학기 초에 아이들과 의논해서 함께 정하고 규칙을 어겼을 시에 어떻게 할지 제재도 함께 의논한다. 아이들에게만 맡겨놓으면 제재가 아이의 인권을 침해할 수도 있기 때문에 반드시 교사의 심의가 필요하다. 함께 정한 학년 규칙과 학급 규칙은 교실 앞 게시판에 게시하였다. 그리고 아이들이 스스로 정한 규칙을 A4용지에 적게 하고 지키겠다는 자신의 약속 사인과 부모님의 사인을 받아오게 한 후 코팅해서 나누어주었다.

넷째, 수업 시간에 집중하지 못하는 아이는 따로 불러 상담을 통해 문제 원인을 살펴본다

수업 시간에 집중하지 않거나 다른 친구를 방해하는 아이가 있다면 눈빛으로 신호를 보내고, 간단히 말로 제재를 가한다. 그럼에도 불구하고 계속 행동에 변화가 없다면 수업을 마치고 쉬는 시간에 따로 불러 이야기하는 것이 좋다.

교사도 인간이기 때문에 수업 시간에 집중하지 않는 아이를 보면 화가 날 수 있다. 그 화를 참지 못하고 소중한 수업 시간을 그 아이 나무라는 데 써버린다면 나머지 아이들에게도 손해고, 반 분위기도 침울해지고, 그 아이의 인권을 침해할 가능성도 높다. 교사가 나무라고 혼내는 아이는 다른 아이들에게도 '저 아이는 항상 선생님한테 혼나는 아이, 문제가 있는 아이'라는 생각을 내면화할 가능성이 크다. 한 명의 왕따 학생이 탄생하는 순간이니 조심하자.

행동에 문제가 있는 학생은 따로 불러 아이가 왜 그런지 자초지종을 들어봐야 한다. 이유가 없는 행동은 없다. 가정에 문제가 있을 수도 있고, 교사 수업이 재미가 없어서일 수도 있고, 집중력이 약해서일 수도 있고, 애정 결핍으로 주목받고 싶어서일 수도 있다. 아이와 이야기를 통해서 원인을 파악하는 일이 먼저다. 그리고 그 원인에 맞는 처방을 내려야 한다. 의사와 같은 진단과 처방을 교사도 해야 한다.

다섯째, '문제아'는 더 많은 사랑과 관심을 필요로 한다

교사를 유독 힘들게 하는 아이가 한두 명 또는 서너 명 있을 수 있다. 교사에게는 1년 동안의 숙제인 아이들이다. 그 아이들의 성장과 발전에 초점을 맞추고 교사가 이런저런 방법과 정성을 기울이면 문제가 있는 아이들도 변화시킬 수 있다. 문제 행동을 하는 아이들은 "저, 너무 힘들어요. 도와주세요!"라고 외치고 있는 중이다. 교사는 그런 아이들을 내치고 제재를 가할 것이 아니라 문제의 원인을 살펴보고 그 아이를 어떻게 도울 수 있는지 방법을 모색해야 한다.

우리 반 영찬이는 어릴 때부터 엄마와 떨어져 아빠와 살았는데 학년에서 유명한 욕쟁이였고 피해의식으로 가득해 누군가 자기를 살짝만 건드려도 싸움부터 거는 쌈닭이었다. 지민이는 부모의 가정불화로 분노가 가득해서 자신의 잘못을 자꾸 다른 친구 때문이라고 핑계를 대며 싸움을 일으켰다. 영찬이와 지민이가 함께 있으면 무조건 싸움이 일어났다. 둘 다 자신의 문제 때문에 여유가 없으니 배려와 존중과 양보가 있을 리 없다.

영찬이 아빠는 남자 혼자서 아이 둘을 키우는 게 힘들어서 술을 마시면 영찬이에게 욕을 하며 스트레스를 푼다고 한다. 언어폭력은 되물림된다는 것을 알기에 영찬이 아빠에게는 아빠 혼자서 아이 둘을 키우는 정성과 노력에 대해 존경을 표하고 공감과 희망을 이야기했다. 부부 둘이서 아이 하나 키우기도 힘든 세상인데 싱글 대디는 얼마나 힘들까? 엄마의 사랑이 고픈 아이였기에 나와 가장 가까운 자리에 앉게 해서 사랑과 관심을 더 많이 주려고 노력했다. 지민이는 부모의 가정불화를 전쟁놀이를 통해 풀고 있었는데, 마침 그림 그리는 재주가 아주 훌륭해서 미술 시간에 아낌없이 칭찬해주었다. 또 전쟁놀이를 좋아하다 보니 '역사와 세계사' 부분에 '덕후'여서 사회시간에 임진왜란과 병자호란에 대한 지민이의 특강 시간을 마련해주었다. 지민이가 아이들 눈높이에 맞추어 설명하니 아이들 반응이 매우 좋았다. 아이를 도울 방법을 조금 고민했을 뿐인데 아이들은 분명한 변화를 보였고, 교사로서 나의 마음도 훨씬 편안해졌다. 교사는 사람을 다루는 직업이기 때문에 심리학과 상담에 대해서 공부할 필요성을 절실히 느낀다.

여섯째, 아동의 인권, 교사의 교권은 다 같이 중요하다

아이들도 사람인지라 마음을 먹었다 해도 하루아침에 자신의 습관을 고치진 못한다. 그래서 나는 상징적 의미의 노란 경고장을 만들었다. 담임 시간에는 말을 잘 들어도 교과 담당 선생님에게 예의 없이 함부로 행동하는 아이들이 있었기 때문이다. 노란 경고장의 내용은 1회 잘못한 내용에 대한 제재가 아니라 나쁜 습관이 몸에 배어서 지속적으로 변화와 성장이 없는 경우이다. 예를 들면 수업 시간에 지속적으로 너무 떠들어 수업을 방해하거나, 습관적으로 과제물을 제출하지 않거나, 선생님에게 지속적으로 예의 없는 말투로 대꾸하거나, 습관적으로 계속 나쁜 말을 하거나, 친구와 지속적으로 다투는 경우이다.

담임교사나 교과 담당 교사한테 경고장을 받으면 알림장에 붙이고, 1학기에 경고장이 5장 이상 누적되면 부모님을 학교로 불러서 학부모와 면담한다. 아이들은 경고장을 가장 두려워하며 경고장을 받는 아이는 사실 거의 없다. 경고장은 평화로운 교실을 위한 상징적인 존재로서의 의미가 더 크다. 학습권도 중요하지만 체벌이 사라진 교실에서 교과 담당 교사들의 교권보호를 위한 것도 있다. 아동의 인권과 교권은 항상 서로 존중되어야 한다.

일곱째, 교사는 학교폭력 예방에 적극적이며, 아이들을 자세하게 관찰해야 한다

아이들이 고학년이 되면 힘의 세력에 의해서 무리 짓기를 시작하고 그 무리에 들어가기 위해 안간힘을 쓴다. 학급의 규칙과 교사의 권위가 무너진 교실이라면 그야말로 동물의 세계인 정글이 된다. 규칙으로 보호받지 못하면 혼자 떨어진 아이는 무리의 희생양이 될 가능성이 높다. 그래서 교사는 아이들의 친구관계를 유심히 살펴보아야 한다. 특히 쉬는 시간에 노는 모습을 보면 어떤 아이가 친구들 사이에서 소외되어 있는지 알 수 있다. 소외된 아이들과 이야기를 나누고, 더 적극적으로 신경 써야 한다. 그리고 다른 친구들과 함께 놀 수 있도록 연결해주려는 노력이 필요하다. 힘든 일이 있거나 힘들어하는 아이가 있다면 적극적으로 선생님이 검사해주는 주제 글쓰기에 신고 정신을 발휘해달라고 당부한다. 학교폭력의 방관자도 공범임을 인지시킬 필요가 있다. 나도 이 신고가 들어와서 우리 반의 은따 문제를 해결한 경험이 있다.

먼저 '내 마음 알기' 프로젝트를 진행한다. 다음과 같은 설문조사를 하는 것이다.

1. 내가 누군가에게 속상했던 경험, 그리고 현재 내 마음의 상태는 어떤가요?

2. 내가 누군가에게 상처주었던 경험, 그리고 현재 내 마음의 상태는 어떤가요?

3. 내가 누군가에게 도움을 주었던 경험, 그리고 현재 내 마음의 상태는 어떤가요?

4. 내가 누군가에게 도움을 받았던 경험, 그리고 현재 내 마음의 상태는 어떤가요?

1, 2, 3, 4번 중 해당 내용을 쓰게 한다. 1, 2번에 해당되는 아이를 조용히 불러서 자신이 왜 그런 행동을 했는지 각자 쓰게 한 다음, 어떻게 해야 내 마음이 좋아질지 스스로 찾아서 이야기하게 한다. 해결책을 스스로 찾게 하는 것이다. 대부분의 아이는 사과하고 싶어 하고, 사과받고 싶어 한다. 그리고 다시 같이 놀기를 원한다. 상황이 발생했을 때 아이의 마음에 상처가 깊어지지 않도록 빠른 처치가 필요하다. 작은 불씨가 큰 불씨로 번지기 전에 진화해야 한다. 학교폭력은 아이를 죽음에 이르게도 할 수 있는 무서운 범죄이기에 학교에서 단호하게 대처하고, 적극적으로 해결해줄 수 있음을 아이들이 알게 해야 한다. 그래서 생활지도에서 교사의 예민한 레이더와 문제해결 의지, 실천이 중요하다.

07.
[학교교육 실천편 3]
수업: 학급운영의 제2 키워드

    수업은 하면 할수록 어렵다. 우선 수업과 관련해서는 교육과정 설계와 수업방법, 교과에 대한 지식이 필요하다. 경력이 짧은 교사는 어떤 수업이 좋은 수업인지도 잘 모른다. 젊은 시절의 나 또한 그랬다. 보는 사람의 관점에 의해서 달라진다고 생각하기도 했다. 수업을 보는 나만의 눈이 생긴 지는 사실 얼마 안 된다. 좋은 수업은 어떤 수업일까? 아이들이 또랑또랑 발표를 잘하고 일사분란하게 움직이는 수업이 좋은 수업일까? 나는 아이들에게 배움과 성장이 있는 수업을 좋은 수업이라고 생각한다. 깨달음과 감동까지 있으면 금상첨화겠지만 초등교사가 매시간 수업을 그렇게 하기는 현실적으로 어렵다. 20년 동안의 경험을 통하여 깨달은 수업에 대한 노하우는 다음과 같다.

첫째, 내가 그의 이름을 불러주었을 때 그는 나에게로 와서 꽃이 되었다

3월 첫날부터 "검정색 옷 입은 애, 안경 쓴 애!" 이런 식으로 부르지 않는 거다. 담임은 첫날 아이들을 만나기 전에 아이들의 이름을 외워둘 필요가 있다. 이름을 불러주면 나와 아이 사이에 어떤 의미가 생기는 것 같다. 나와 의미가 생겨난 아이는 수업에 집중할 수밖에 없다.

둘째, 교사는 반드시 교재 연구를 해야 한다

교사는 매우 바쁘다. 아침부터 쏟아지는 메시지와 학교 업무, 각종 회의에 쫓긴다. 아이들이 등교하기 전 10분 동안 동 학년 선생님들은 연구실에 모여 오늘 할 일정에 대해 학년 선생님들과 의논하고, 쉬는 시간과 점심시간도 온통 아이들에게서 눈을 떼지 못한다. 교과전담 시간은 아이들의 주제 글쓰기, 독서록 검사와 단원평가, 수행평가 채점만으로도 매우 바쁘다. 수업을 마치고 청소를 하고 아이들을 보내고 나면 고학년 교사는 3시쯤 된다. 이제부터는 자신에게 맡겨진 학교 업무를 하고 각종 회의에 참석하고 나면 4시, 퇴근 시간까지 40분밖에 남지 않는다. 40분은 내일 가르칠 4~5과목의 교과서를 눈으로 빠르게 스캔하기에도 부족한 시간이다. 한 과목당 10분 정도가 주어진다고 보면 된다. 그나마 이 시간이 확보되는 것은 평교사 이야기다. 특수부장이라도 맡고 있으면 과다한 학교 업무로 교재 연구는 그림의 떡이 될 수밖에 없다. 집에 가서 집안일을 하고 아이들을 모두 재운 후 밤잠을 줄여가며 교재 연구를 하지 않는 이상 말이다. 정말 바쁘다면 학기 시작 전에 한 학기 분량의 교재 연구를 미리 준비해놓아야 한다.

수업의 전문성은 교재 연구에서 나온다. 따라서 학교는 아이들과 교사의 배움을 중심으로 학교 조직과 운영을 대담하게 단순화시켜야 한다. 요즘의 학교는 백화점과 같다. 선택과 집중을 하지 못하고, 좋은 것은 다 가져다 벌려놓는다. 교사는 판매 계획 세우랴, 판매하랴, 수업 연구할 틈이 없다. 학교 구조개혁이 안 되면 교사는 반 아이들을 위해 최대한 가벼운 학교 업무를 맡기 위해 몸을 사리는, 교장과 교감이 보기에 이기적인 교사가 될 수밖에 없다. 지금 내가 몸담고 있는 학교는 혁신학교로 교과전담을 중심으로 업무 정상화팀을 꾸렸다. 특수부장과 몇 명의 계원이 교과전담을 하며 교육행정을 밀착마크하고 있으니 다행이다. 교재 연구는 교사의 전문적 영역이고, 교육과정에서 가르치라고 한 것을 어떤 소재로 가르칠 것인가를 교사가 새로이 창조하는 활동이기도 하다. 교사가 전문적인 역량을 발휘해서 수업을 디자인할 때 수업의 질은 높아지고, 아이들은 잠에서 깨어나게 된다. 그때야 비로소 교사와 학생의 지적 교류가 즐겁게 시작된다.

셋째, 교사는 먼저 학생들의 말을 경청할 줄 알아야 한다

많은 교사가 요즘 아이들은 문제가 많으며 좀처럼 바뀌지 않는다고 하소연하지만, 아이들을 대하기가 힘들다면 사실 내가 변해야 할 순간이라고 봐야 한다. 배움이 일어나는 교실을 만들려면 교사의 태도가 열려 있고 유연하며 부드러워야 한다. 교사가 긴장감을 낮추고 부드러운 수업 분위기를 만들고 싶다면 일반적인 생각과 다르게 먼저 교사의 말을 줄여야 한다. 수업 시간에 교사가 말을 너무 많이 하면 아이들의 이야기를 듣지 못할 뿐만 아니라 말이 차고 넘쳐서 말실수를 하기도 한다. 교사들은 아이들이 하나라도 더 배우게 하려고 많이 설명하지만, 폭포수처럼 쏟아지는 말들은 대부분 흘러가버린다. 교사는 설명하기보다는 아이들에게 질문을 던지는 사람이 되어야 하고, 아이들은 질문에 대한 답을 생각하며 찾아가야 한다. 아이들에게 지식을 주입할 것이 아니라 아이들의 생각을 이끌어내고 표현하게 해야 한다. 진정한 배움은 학생이 배움의 주체가 되어 능동적일 때 일어난다.

넷째, 교사는 배움의 징검다리 역할을 해야 한다

교재 연구를 마친 교사가 수업을 계획할 때는 아이들 눈높이에 맞추어 수업을 디자인해야 한다. 재작년에 음악 교과전담을 하면서 느낀 건데 똑같은 수업 준비로 8개 반을 지도해도 반 구성원이나 분위기에 따라서 조금씩 차이가 났다. 교사는 일상생활 속에서 아이들의 유행이나 문화를 눈여겨봐야 한다. 수업 소재는 아이들 관심사에서 가져오면 효과적이다. 그래서 나도 가끔은 예능이나 가요 프로그램을 챙겨 보기도 한다. 아이들의 문화를 알아야 아이들이 흥미 있어 하는 재료를 사용하여 아이들 입맛에 맞는 맛있는 수업을 요리할 수 있기 때문이다. 어느 수업에나 적용 가능한 만병통치 수업모형은 없으나 가장 많이 적용할 수 있는 일반적인 수업의 흐름은 다음과 같다.

수업 도입에 있어서 수업 열기 10분, 교사의 연결 짓기가 중요하다. 수업 시작 부분에서는 아이스 브레이킹을 하여 아이들의 마음을 여는 게 관건이다. 아이들이 관심을 가질 만한 이야기나 퀴즈로 아이들의 호기심을 불러일으키면 아이들은 자기도 모르는 사이에 수업에 빨려 들어서 활동하게 된다. 오늘 배울 내용과 일상생활의 문제를 끌어와 연관시키면 아이들의 지적 호기심은 증폭된다. 손우정 교수가 쓴《배움의 공동체》라는 책에서 보면 교사의 역할 가운데 중요한 것으로 '연결 짓기'를 든다. 교사는 수업에서 아이들이 서로에게 잘 배울 수 있도록, 배움이 잘 연결되도록 징검다리 역할을 해야 한다는 것에 동의한다.

교사는 교재와 아이들을 연결하고, 이 아이와 저 아이를 연결하며, 오늘 수업과 내일 수업을 연결한다. 하나의 지식을 다른 지식과 연결하고, 어제 배운 것과 오늘 배운 것을 연결한다. 교실에서 배우는 것과 사회에서 일어나는 일을 연결한다. 그리고 아이들의 현재와 미래를 연결한다. 수업 시작 10분은 교사가 교재, 과제와 아이들의 만남을 주선하는 시간이다. 교사는 말을 최대한 줄이고 차분히 설명해야 한다. 지루한 설명은 3분을 넘지 않도록 하며 필요한 동영상 부분은 짧게 이용한다. 그렇게 해서 아이들 마음이 열리면 교사와 아이들의 상호작용은 자연스러워지고 많아지게 된다. 달라이 라마는 '최고의 선은 흐르는 물과 같이 자연스러운 것'이라고 했다. 최고의 수업은 나도 모르는 사이에 수업에 빨려 들어가 활동하고 배우고 있는 것이다.

수업을 열었으면 소집단에서 협동하여 친구들과 함께 탐구하도록 수업을 디자인하는 것이 일반적이다. 학기 초에는 교사가 아이들 하나하나를 읽어내기 위해서 일렬식 책상 배치를 선호한다. 어떤 교사는 1년 내내 아이들이 떠드는 게 싫다고 중학교처럼 책상을 모두 떼어서 혼자 앉게 하기도 한다. 하지만 이런 수업 형태로는 아이들에게 4차 산업혁명시대에 꼭 필요한 협동 능력과 공감 능력을 키우기 어렵다. 아이들의 책상 배치는 수업의 형태에 따라 달라져야 한다.

배움은 교사와 학생뿐만 아니라 학생과 학생 사이에서도 일어난다. 아이들의 소음이 문제라면 아이들에게 소리레벨을 지도하면 된다. 소리레벨 0은 다 같이 침묵, 소리레벨 1은 짝에게만 들리게 속닥속닥 귓속말로, 소리레벨 2는 모둠 친구들에게만 들리게 도란도란, 소리레벨 3은 또랑또랑한 목소리로 전체 친구들에게 발표할 때, 소리레벨 4는 운동장에서 친구들과 체육할 때의 함성이라고 알려주고 연습시키면 소음 문제는 해결된다.

마지막 정리 단계는 공유의 단계로 ㄷ자 형태의 책상 배치를 한다. 모둠별로 탐구하게 된 것을 앞에 나와 발표하게 해도 좋고, 내가 새롭게 알게 된 것을 친구들과 공유하게 한다. 이런 과정을 거치면서 학생들은 사고를 확장하고 심화하게 된다. 그러나 모든 수업에 통용되는 만병통치의 수업 모델은 존재하지 않는다. 각 수업마다 교사의 디자인이 필요한 이유이다.

다섯째, 수업 시간에 나를 힘들게 하는 아이는 나의 스승이다

재작년에 교과전담을 할 때의 이야기다. 수업 시간에 몇 명 나를 힘들게 하는 아이가 있었다. 교과전담 교사와 담임의 역할은 다르다. 교과전담 교사는 그 아이의 문제에 적극적으로 개입하는 데 한계가 있다. 그러나 그 아이에 대한 고민을 통해 내 수업의 성장은 이루어진다. 그 아이를 포기하는 순간 내 수업은 죽는 것이다. 그 아이의 성장을 바라보며 도 닦는 심정으로 내 수업을 뒤돌아보자. 이 방법도 저 방법도 안 먹힐 때는 집착하지 않고 내려놓는 것도 필요하다. 포기와는 다르다. 그 아이에 대한 집착에서 벗어나 다른 아이들과 열심히 재미있게 수업하다 보면 어느새 그 아이도 수업에 참여하고 있는 것을 볼 수 있다. 담임교사라면 수업 시간에 문제 있는 아이와 상담을 통하여 문제의 원인을 찾아보고, 적극적으로 문제해결 방법을 모색해야 한다. 그 아이에 대한 문제의식과 해결 방법을 고민하고 찾다 보면 나도 모르게 교사로서의 성장이 이루어진다. 따라서 그 아이는 나의 스승이 되는 것이다.

여섯째, 새로운 교육 유행이 불 때는 관심을 가지고 들여다본다

하루가 다르게 변하는 사회 변화를 따라잡기 벅차다. 컴퓨터 코딩 교육과 스마트폰의 새로운 기능 익히기가 그렇다. 예전에 열린 교육, 몬테소리 교육, 협동학습, 프로젝트 수업 열풍이 일었던 것처럼 지금은 하브루타 수업, 거꾸로 수업 열풍 등이 불고 있다. 그 수업들을 살펴보고 적용하다 보면 분명히 내 수업이 업그레이드된다. 교사가 항상 배움의 끈을 놓지 않고 있어야 하는 이유이다.

일곱째, 교사는 반성적 실천을 해야 한다

교사는 기술 숙달자로서의 전문가가 아니다. 교사의 일이란 과학적인 원리나 기술로 해결할 수 없는 복잡하고 불확실한 것들로 가득하다. 같은 내용을 같은 방식으로 가르쳐도 학급마다 아이들마다 반응이 다르다. 따라서 '성찰'이라는 실천적 인식이 필요하다. 문제를 살펴보고 반성해가면서 그 문제의 배후에 있는 큰 문제를 해결해나가야 한다. 나는 아이들 문제로 힘들 때는 일기를 쓰면서 반성적 실천을 한다. 일기를 쓰면 복잡한 마음이 정리되고, 문제해결의 실마리가 보인다. 교사는 사실 교사가 되고 나서야 비로소 교사가 된다. 대학교에서의 교육은 사실 교사 준비 교육일 뿐이다. 교사는 교직에 첫발을 내디딘 이후 퇴직할 때까지 '현직 교육'에 의해 성장한다. 그래서 나도 현재 진행형의 교사이다.

08.
[학교교육 실천편 4] 자존감 : 8가지 재능 중에 아이 맞춤형 재능을 찾아라

    사람은 누구나 한 가지 이상의 재능을 가지고 태어난다고 한다. 굼 벵이마저도 구르는 재주가 있다고 말하지 않는가? "부족한 아이는 없 어. 너희들은 모두 다른 빛깔을 가진 꽃일 뿐이야."라는 말도 있다. 예전 에 나는 아이들을 서로 다른 빛깔을 가진 꽃이 아닌 '공부하는 기계'로 봤었다. 누구나 자리에 앉아서 꾹 참고 공부하면 잘할 수 있다고 믿었 다. 공부는 의지의 문제로만 생각했지 재능이라고 생각하지 않았다. 이 미 사회는 자율성, 다양성, 창의성이 필요한 시대가 되었다. 재능과 적 성을 무시하고 죽어라 암기하는 공부만 해서 대학에 가는 것으로는 절 대 성공할 수 없는 세상이다. 세상의 변화를 감지했으면 외면하면 안 된다.

    이제라도 아이들의 재능이 꽃필 수 있도록 다양한 재능을 인정해주고 찾아내고 격려해야 한다. 아이들 하나하나를 '공부'라는 잣대로만 재단하지 말고 다른 재능들도 인정해서 자신이 공부를 좀 못해도 사회에 쓸모 있는 사람이 될 수 있다는 자존감을 갖게 해야 한다. 이러한 이론을 뒷받침해주는 것이 하워즈 가드너 교수의 '다중지능 이론'이다.

다중지능 이론이란 1983년 하버드 대학의 발달 심리학자 하워드 가드너(Howard Gardner)가 기존의 지능검사, 지능지수를 비판하여 새로운 접근을 주창한 이론이다. 인간의 지능은 기존의 지능검사(IQ Test)만으로 판단할 수 없다고 주장하면서 언어 지능, 논리수학 지능, 음악 지능, 공간 지능, 신체운동 지능, 대인관계 지능, 자기이해 지능, 자연친화 지능까지 8가지 지능에 대해 이야기했다. 다음은《등수 없는 초등학교 이기는 공부법》에 나와 있는 다중지능 이론에 관한 내용이다.

- **언어 지능:** 말로 하든 글로 하든 언어를 효과적으로 구사하는 능력을 말한다. 수업과 연관지어 생각해보면 토의 · 토론 수업을 즐거워하거나 독후감 · 일기 등을 잘 쓰는 학생들을 떠올려볼 수 있다.
- **논리수학 지능:** 숫자나 기호, 규칙, 명제 등의 상징체계를 익숙하게 받아들이고 그것을 새롭게 창조할 수 있는 능력이다. 이는 아무래도 수학 시간 계산 과정에서 실수가 덜하고 문제풀이를 상대적으로 잘하는 학생들이다.
- **음악 지능:** 음악의 상징체계(리듬, 음정, 음색)를 이해하고 창조할 수 있는 능력으로 악기 연주, 노래 부르기, 음악 작품에 관심을 가지는 학생들이다.
- **공간 지능:** 시각적, 공간적 세계를 정확히 지각하는 능력과 그런 지각을 통해 형태를 바꾸는 능력이다. 이 지능이 뛰어난 학생들은 기본적으로 사물

을 입체적으로 볼 수 있는 능력이 뛰어나 수학 과목의 도형 영역에서 남다른 능력을 보여준다. 만일 내 자녀가 이러한 능력을 갖췄다면 건축가를 생각해볼 수 있을 것이다.

- **신체운동 지능:** 인간의 몸 전체 혹은 손 같은 신체 일부를 사용해 문제를 해결하거나 무언가를 만들어내는 능력이라고 할 수 있다. 체육 시간에 탁월한 실력을 보이는 학생들 대부분이 신체운동 지능을 가졌다고 볼 수 있다.
- **대인관계 지능:** 인간친화 지능이라고도 한다. 이는 사람들의 기분, 성향, 동기, 의도를 알아내는 능력과 사람을 효과적으로 이끌거나 따르는 기술 등을 포함한다. 개인적으로 대인관계 지능이 부족한 학생들을 보면 걱정스러운 마음이 드는 요즘이다. 유독 친구 관계에 어려움을 겪거나 힘들어하는 경우를 보면 상대방의 기분을 헤아리지 못하고 자기감정만 앞세운다는 특징을 발견하게 된다. 앞으로의 미래 사회를 떠올려본다면 대인관계 지능을 키우는 일에 신경 쓸 필요가 있다.
- **자기이해 지능:** 자기성찰 지능이라고도 하는데 자신의 장단점, 특기, 관심 등을 잘 파악하며 감정을 잘 알고 다스리는 능력이다. 이 지능은 각자의 공부법을 결정하는 데 유용하다. 무조건 공부 잘하는 친구의 공부법을 따라 하는 것이 아니라 자기 삶의 형태(life style)에 따라 많은 부분을 주도적으로 이끌어갈 수 있을 것이다.
- **자연친화 지능:** 식물, 동물 세계 같은 다양한 형태의 자연을 이해하고 자연계의 관계를 이해할 수 있는 능력이다. 보통의 경우 과학 시간에 흥미를 보이는 학생들이 여기에 해당한다.

학생들마다 타고난 지능이 다를지라도 다양한 경험과 지식의 습득을 통해 8가지 지능을 현재보다는 향상시킬 수 있다. 우리 아이가 어떤 지능이 더 높은지에 대해 파악하는 것은 추후에 진로를 결정하거나 부족한 점들을 보완할 수 있다는 점에서 관심 있게 지켜볼 만하다. 이 이론에 근거해서 나의 재능을 살펴보면 언어 지능, 음악 지능, 대인관계 지능이 높다. 이 지능들은 내가 교사생활을 하는 데 많은 도움이 되었다. 특히 언어 지능과 대인관계 지능은 아이들을 대하거나 동료교사, 학부모 등과 소통할 때 큰 도움이 된다. 간혹 동료 선생님들 중에는 자신의 재능이 교사로서 부적합하다거나 사람을 상대하기보다는 행정실 직원처럼 사무 업무를 처리하는 게 더 수월하다고 생각하는 사람도 있다. 대학 원서를 쓰기 전에 알았더라면 참 좋았을 거라며 아쉬워한다.

우리 반 영민이는 논리수학 지능과 공간 지능이 우수하다. 컴퓨터 프로그래머를 꿈꾸고 있는데 언어 지능과 대인관계 지능은 아직 덜 발달되어 관심을 가지고 지켜보고 있다. 우리 반 지수는 수학은 못하지만 대인관계 지능이 우수해 어디에 가도 사랑받는다. 또 우리 반 치연이는 말이 많아서 교과전담 시간에 꾸지람을 받기도 하지만 그림을 매우 잘 그린다. 성격이 조용하고 차분한 정인이는 친구들 이야기를 잘 들어주어 친구들이 참 편안해한다.

나는 1학기 끝나기 한 달 전부터 '친구야, 칭찬해. 고마워' 롤링 페이퍼 작성 프로그램을 운영한다. 4절지 위에 우리 반 친구 이름을 적어 칠판에 게시해놓으면 아이들이 아침 자습 시간에 한 학기 동안 그 친구와 생활하면서 느꼈던 친구의 장점이나 고마웠던 점에 대해 포스트잇에 적어 붙인다. 24명의 친구들 편지가 다 붙여지면 나는 사진 1장을 찍고 그 종이를 돌돌 말아서 고무줄로 묶은 다음 당사자에게 전해준다. 아이는 집에 가서 가족과 함께 친구들이 써준 내용을 공유한다.

'친구야, 칭찬해. 고마워' 프로그램은 롤링페이퍼에서 아이디어를 얻었다. 하루에 1명씩 친구에 대해 생각해보고 글을 쓰는 10분의 시간을 주었을 뿐이지만 효과는 컸다. 24명의 친구들이 자신에 대해 어떻게 생각하는지 알 수 있는 기회가 되고, 교사가 미처 알지 못했던 좋은 정보도 얻게 된다. 학기말 성적표에 그 아이에 대해 종합적으로 서술할 때 유용한 정보가 되기도 하며, 부모가 자녀의 재능과 적성을 파악하는 데도 도움이 된다. 교사와 친구들의 관찰과 인정을 통하여 아이는 자기 자신이 어떤 재능이 있는지 알게 되고 이는 자존감과도 연결된다. 재능이 하나도 없는 아이는 없다. 그 아이의 재능을 미처 발견 못한 교사의 좁은 관점과 시각을 탓해야 할지 모른다.

이처럼 우리 반 아이들도 하나하나 살펴보면 분명히 한 가지 이상의 재능을 가지고 있다. 그 재능을 인정해주고 격려해야 한다. 논리, 수학적 지능이 우수해 공부 잘하는 재능도 이제는 여러 재능 중 하나일 뿐이다. 재능 하나하나의 가치를 똑같이 인정해야 한다. 교실에서 다양성을 인정해주고 아이의 자존감을 세워주면, 아이들은 반짝반짝 빛날 것이다. 아이들은 학교에서 더 이상 무기력해지지 않으며, 그 자존감의 힘으로 사회에 나가 자신에게 알맞은 자리를 찾아내어 꼭 쓸모 있는 시민으로 자랄 것이다.

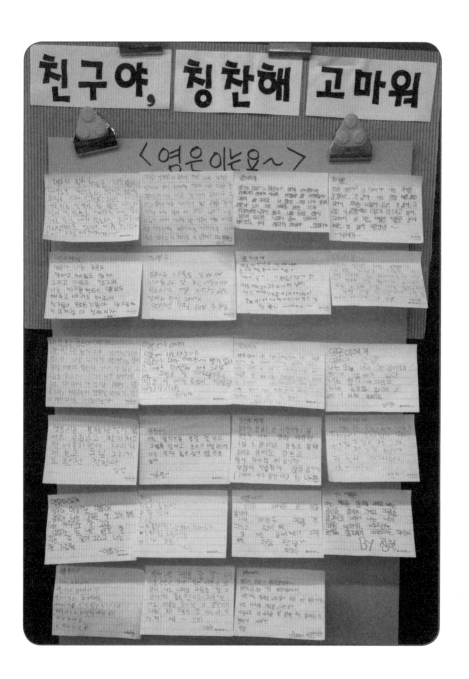

09.
[학교교육 실천편 5]
인성: 나, 너, 그리고 우리의 연결고리

감정코칭만 잘해도 교사와 아이의 관계는 좋아진다. 문제는 교사 중에도 자신의 감정을 다스리는 게 어려운 사람이 있다는 것이다. 자신의 감정을 조절하지 못해 홧김에 학생에게 폭력을 행사하는 교사도 더러 있다. 완벽주의 성향의 교사도 아이들을 다루기가 힘들다. 아이들은 미성숙한 불완전한 존재들이기 때문이다. 교사는 완벽하지 않은 것들을 사랑할 줄 알아야 한다. 교사 자신도 사람인지라 어렸을 때 자신의 감정을 돌보지 못한 사람은 공감 능력도 떨어지고, 감정조절 능력에도 취약하다. 또 인성교육에 앞서 교사의 기준이 분명해야 한다. 아이들이 해야할 것과 해서는 안 될 것에 대해 교사 스스로 분명한 기준을 가지고 있는가? 상황에 따라 교사의 태도가 달라지면 아이들은 헷갈린다. 조벽 교수가 글로벌 인재를 키우기 위한 부모 특강에서 "인성은 가르치는 것이 아니라 보여주는 것"이라고 말한 적이 있다. 아이들 인성교육에 있어서 중요한 것을 짚어보면 다음과 같다.

첫째, 교사의 인성이 중요하다

교사가 삶의 중심을 어디에 두고 있느냐는 대단히 중요하다. 교사가 승부욕이 있고 욕심이 많다면 아이들도 그런 아이들이 인정받고 학급 분위기도 그렇게 흘러간다. 만약 교사가 배려와 존중, 협력과 화목을 중시하면 학급 분위기도 그렇게 흘러간다. 교사가 원칙이 없고, 시시때때로 룰이 변하면 아이들 분위기 또한 중구난방으로 흘러간다. 1년 동안 아이들을 담임하고 다음 해 2월에 아이들의 모습을 살펴보면 나와 닮은 것을 보고 깜짝 놀라게 된다. 학년 말에 자기 반 아이들을 보고 욕하는 건 누워서 침 뱉기나 다름없다. 반 아이들이 화목하고 밝고 긍정적이며 협력적인 아이가 되기를 원한다면 교사인 내가 먼저 그런 사람이 되어야 한다. 아이들은 담임을 닮게 되어 있다. 나부터 바른 인성을 갖고 있는지 돌아보자.

인성은 교사부터 몸소 실천하는 것이 중요하다. 교사의 권위는 어디에서 오는가? 부모의 권위가 약속을 지키는 것에서 오듯 교사의 권위도 솔선수범하며 약속을 지키는 것에서 온다고 믿는다. 열린 마음으로 아이들의 의견을 경청하며, 좋은 의견은 무엇이든 수용해주는 모습을 보여야 한다. 아이들을 편애하지 않고 공평하게 대하며, 아픈 마음에도 공감해야 한다. 교사가 한 실수에 대해 아이들에게 사과할 수도 있어야 한다. 수업 시작 시간과 끝 시간을 잘 지키도록 하고, 동 학년 교사와 내가 먼저 협력할 수 있어야 한다. 의견이 다른 동료교사와 다투지 않고 의견을 조율할 줄 알아야 하며, 내 일을 남에게 미루지 말아야 한다. 이렇듯 교사가 된다는 것은 자신의 인격을 끊임없이 갈고닦아야 하는 길임을 먼 길을 돌아온 지금에서야 깨닫는다.

둘째, 감정은 수용하되 행동의 한계는 명확해야 한다

젊은 교사는 아이들과 친구 같은 교사이기를 꿈꾼다. 그러나 교사는 아이들과 절대 친구가 되어서도 안 되고 될 수도 없다. 6학년쯤 되면 아이들은 학기 초에 선생님을 시험하려 든다. 선배들은 경력이 짧은 신규교사에게 학기 초에 웃지도 말고, 세게 나가라고 코치하곤 한다.

친구 같은 교사가 되고 싶은 젊은 교사는 3월 한 달 동안 말도 잘 듣고, 자기 할 일을 알아서 척척 하는 아이들을 보며 마음을 내려놓고 아이들이 원하는 대로 해주게 된다. 역시 선배교사들의 생각은 고리타분하다고 생각하며 말이다. 그러다 어느 순간 아이들 페이스에 말려들었다는 것을 깨닫지만, 이미 교사의 권위는 온데간데없이 사라지고 무질서한 교실이 된 후다. 결국 교사는 상처를 입게 되고 1년 동안 힘들게 학급경영을 하게 된다.

학교는 공동체이기 때문에 자신이 하고 싶은 대로만 할 수 없다. 아이들과 만난 첫 시간에 규칙이 왜 필요한지 함께 이야기해보고, 필요한 규칙을 함께 만들어가야 한다. 아이들의 참여 없이 일방적으로 정해진 규칙은 의미가 없으며 아이들의 반발만 사게 된다. 아이들의 감정은 수용할 수 있지만 허용되는 행동에는 한계가 있음을 반드시 알게 해야 한다. 교사에게 따뜻함과 단호함이 함께 필요한 순간이다. 따뜻함과 친절함만 있고 단호함이 없다면 아이들은 사사건건 교사를 피곤하게 할 것이고, 따뜻함과 친절함 없이 단호함만 있다면 아이들은 교사 눈치를 보거나 겉과 속이 다른 행동을 하거나 교사를 멀리하게 될 것이다.

셋째, 인성교육이 살아있는 교실 분위기 만들기

학급의 분위기도 중요하다. 재작년에 교과전담 교사를 해보니 반마다 분위기가 조금씩 달랐다. 1학기에는 반 구성원 하나하나가 중요하지만 2학기에는 교사의 지도력이 상당한 영향을 미쳤다. 예를 들면 이런 식이다. 1학기에는 개별 구성원이 좋은 아이들이 모인 반이 아무래도 수업도 잘 되고, 분위기도 좋았다. 그런데 2학기가 되니 반 분위기가 바뀐 것을 느낄 수 있었다. 구성원이 좋았던 반이었는데 서로 싸우며 분위기가 와해된 반은 아이들의 역량 발전이 적은 반면, 구성원은 별로 좋지 않았지만 서로 돕고 발전하는 분위기를 쌓아 올린 반은 많은 성장과 발전이 느껴졌다. 그런 반은 수업이 저절로 굴러갔다.

교사는 아이들이 예의, 존중, 책임, 민주주의, 질서 지키기, 배려하기, 도전, 용서, 협력 등을 배우고 실천할 수 있는 분위기를 만들어야 한다. 공부에 대한 칭찬보다 인성을 칭찬하면 아이들도 닮아간다. 공부는 하나의 재능일 뿐임을 교사가 먼저 깨달아야 한다. 학교에서 공부 재능만을 너무 과대평가해온 것은 사실이다. 교사들은 재능의 범위를 좀 더 넓게 생각할 필요가 있다. 이제 아이들의 인성을 칭찬해야 한다. 뒤로 밀려나 있던 인성을 과감히 앞으로 끌어올 용기가 필요하다.

교사가 아이들 때문에 골치 아픈 이유는 공부가 아니다. 공부는 조금 못해도 착실하면 어떻게든 먹고살 수 있다. 교사가 힘든 이유는 아이들의 인성 때문이다. 인성이 무너지면 생활지도가 무너진다. 힘의 세계가 지배하는 정글로 변해 아이들도 악마같이 느껴진다. 아이들 마음속에 정말 악마가 살고 있는 걸까? 그 아이가 악마가 될 수밖에 없었던 배경과 환경을 먼저 살펴보아야 한다. 교사는 아이들의 행동을 보고 가정교육이 문제라고 탓하기보다는 학교에서라도 제대로 가르쳐줄 수 있도록 힘써야 한다. 또 그런 부정적인 감정들이 교실 내에 퍼지지 않도록 먼저 차단하는 데도 힘써야 한다. 교사는 아이의 성장과 발전, 긍정의 씨앗을 퍼뜨리는 사람이 되어야 한다. 교사의 존재 이유이다.

"우와, 영찬이는 학기 초에 욕쟁이였는데 이렇게 발전했네. 지민이는 노력하는 모습이 너무 예쁘다. 힘들지만 차근차근 노력하는 모습을 칭찬해. 옆 반과 피구 시합에서는 비록 졌지만 정정당당하게 최선을 다하고 매너 있게 경기에 임하는 너희들 모습이 감동이었어."라고 말한다면 아이들의 자존감도 쑥 올라갈 것이고, 거기에 어울리게 행동하려고 노력할 것이다.

우리는 그동안 인성을 밖에서 아이들 안으로 가르쳐야 하는 것으로만 인식했지만 《그 아이만의 단 한 사람》 책에서 권영애 선생님은, 인성은 아이들 안에 있는 미덕을 밖으로 끄집어내는 교육이라고 했다. 아이들 내면에 잠들어 있는 미덕을 깨워주자고 말한다. 인성교육은 결국 삶에 대한 교육과도 맞닿아 있다. 어차피 우리 교육의 최종 목표는 이오덕 선생님이 말씀하신 것처럼 '삶을 가꾸는 교육'이다. 결혼하고, 아이를

낳아 키우고, 나이를 먹어보니 그 생각은 더 확고해졌다. 삶을 가꿀 줄
알면 행복해진다. 그래서 인성교육은 행복에 이르는 길이기도 하다.

10.
[학교교육 실천편 6] 창의성: 독서, 토론, 글쓰기, 그리고 실천으로 완성하라

　앞으로의 세상은 창의성의 시대라고 한다. 지금 우리는 초등학교에서 아이들에게 창의성을 키워주는 교육을 하고 있는가? 아직까지 정답 찾기 교육에 치우쳐 있는 게 사실이다. 그러나 2015 개정교육과정이 2017년부터 순차적으로 적용되고 있으며 학습의 결과뿐만 아니라 학습의 과정도 중시하는 방향으로 변하고 있다.

　물론 초등학교에서 튼튼한 기초지식을 갖는 것은 중요하다. 그러나 튼튼한 기초지식은 단원평가와 수행평가만으로도 충분하다. 오히려 우리 교사들이 신경 써야 할 부분은 아이들에게 질문을 던지고, 호기심을 유발하고, 그 호기심을 해결하기 위해서 자료를 찾아보고 책을 읽게 하는, 배움이 살아있는 교육을 어떻게 시킬 것인지에 대한 고민이어야 한다.

그래서 교사는 수업 시간에 교사주도의 설명식 수업을 지양하고 학생 중심의 질문과 토의, 토론이 있는 수업을 지향한다. 아이들을 수업에 동참시키고, 아이들 스스로 생각하게 하고, 자신의 의견을 표현하게 한다. 가장 좋은 자료가 따로 있는 게 아니다. 교사가 신문과 뉴스를 보고 오늘 수업 내용과 관련 있는 내용을 끌어와서 현장감 있는 수업을 진행하면 된다. 수업 시간에 반짝거리는 아이들의 눈이 보고 싶다면 교사는 늘 배움의 자세를 유지해야 한다.

창의성과 독서, 글쓰기는 어떤 관련이 있을까? 글을 쓰려면 생각할 수 있어야 한다. 글을 생산해내기 위해서는 생각의 재료인 독서와 경험이 필요하고, 사전 조사도 필요하고, 생각의 흐름을 엮기 위해서는 자신의 논리대로 조직할 수도 있어야 한다. 그 과정 속에서 창의성이 꽃핀다. 그래서 나만의 책 쓰기는 최고의 창의력 교육이 되는 것이다.

생각의 재료가 되는 독서, 어떻게 시킬 것인가?

창의성을 키우기 위해서는 경험과 독서만큼 좋은 것이 없다고 하는데 경험은 가족과 함께하는 게 더 쉽고, 학교에서는 주로 독서에 관심을 갖도록 이끌어줄 수 있어야 한다. 하지만 요즘 아이들은 스마트폰의 감각적인 화면에 익숙해져 책 읽기를 힘들어한다. 아이들이 심심할 겨를이 있어야 하는데 그럴 새가 없다. 내 손안의 작은 컴퓨터, 스마트폰 때문이다. 책보다 유튜브를 통해 더 많은 정보를 얻는 것 같다. 유튜브에는 자극적이고 감각적인 정보들이 많아서 옥석을 가리기도 힘들고, 생각을 방해하기도 한다. 이런 아이들이 책 읽는 게 정말 재미있다는 것을 깨닫게 하려면 어떻게 해야 할까?

첫째, 교사부터 책에 흥미를 갖고 읽어야 한다

교사가 책에 흥미가 있어야 아이들에게 재미있게 책을 읽어줄 수 있고, 재미있는 책을 추천해줄 수도 있다. 한 권의 책이 가진 힘은 한 사람의 인생을 송두리째 바꾸어놓을 만큼 강력하다. 아이들과 함께 학교 도서관에 가면 교사도 그 시간에는 책을 읽고 책을 빌리는 모범을 보여야 한다. 요즘 학교 도서관에서는 교사용 도서도 꾸준히 구매하고 있다. 내가 바쁜 교사생활에 가사와 육아를 병행하며 책을 읽을 수 있었던 것은 학교 도서관에 교사용 도서가 비치되어 있었기 때문이다.

혼자 책 읽는 것이 별로 재미없다면 뜻을 같이 하는 사람들과 함께 자율적으로 교사들끼리 배움 동아리를 조직하는 것도 좋다. 지금 우리 학교에서는 8명 정도의 교사들이 모여 1권의 책을 읽은 후 감명 깊은 부분에 밑줄을 긋고, 그 부분이 왜 가슴에 와 닿았는지 이야기하며 경험을 나눈다. 그 동아리를 통하여 가슴속에 담겨 있던 응어리를 쏟아내기도 하고, 교육에 대한 다양한 지혜를 얻기도 한다. 한 달에 두 번 정도 진행하는데, 책을 읽어야 대화에 참여할 수 있기 때문에 책 읽기를 강제할 수 있다는 장점도 있다. 교사인 나는 책 읽기를 좋아하는가? 자기 자신에게 먼저 질문해보자.

둘째, 학급문고 비치하기

대부분의 학교에서는 수업 시작 전 10분 동안의 아침자습 시간을 독서로 활용하고 있다. 아이들이 읽을 책을 가지고 다니거나 도서관에서 빌려오면 좋겠지만 학급문고를 비치하면 아이들이 시간이 날 때마다 책을 가까이 하기가 훨씬 쉬워진다. 그래서 나는 학급문고 몇백 권을 학년이 바뀔 때마다 가지고 다닌다. 그게 어떻게 가능하냐고 묻는다면 기증받은 도서도 있고, 대부분 우리 집 아이들이 어릴 때 보았던 책을 중고서점에 팔지 않고 모아 만들었다. 활자가 큰 그림책이나 전래동화는 저학년이 볼 수 있고, 세계명작동화나 위인전, 창작동화는 고학년이 볼 수 있다. 교사생활을 갓 시작한 교사들은 부디 아이들에게 보여줄 학급문고를 차곡차곡 모으기 바란다. 책은 손만 내밀면 언제든지 볼 수 있도록 가까이 있어야 한다는 것이 나의 생각이다. 학급문고는 아이들을 위한 나의 재산이 될 것이다. 어린 시절의 나도 학급문고를 통해서 《키다리 아저씨》나 《제인 에어》, 《폭풍의 언덕》 같은 작품을 만날 수 있었으며 그때의 감성을 아직도 잊지 못한다.

셋째, 도서관 수업은 꼭 챙겨서 가기

2009 개정교육과정의 국어 교과서는 단원도 많은 데다가 국어 활동 교과서까지 따로 있어 진도 나가기도 벅차다고 난리였다. 진도 나가기가 힘들어서 학급이 배정된 시간에 도서관에 아이들을 데려갈 시간이 없다고들 했다. 맞는 말이다. 그래도 도서관에 가야 한다. 대부분의 아이들은 도서관에서 책을 빌리지 않으면 집에서 읽을 책이 없다. 정말 시간이 없다면 쉬는 시간을 이용해서라도 아이들과 함께 도서관에 가 책이라도 빌려와야 한다. 읽을 책이 있어야 읽을 것이 아닌가? 우리 학교

도서관에서는 각 학년의 권장도서 50권을 한 학급에 1년 동안 빌려주기 때문에 독서 릴레이 형식으로 일주일에 1권씩 읽고 독서록을 쓴다. 아이들은 이 시스템만으로도 1년에 학년 권장도서 50권을 기본적으로 읽게 되는 셈이다. 독서록은 그림, 시, 만화, 글 등 자신이 좋아하는 스타일로 쓰게 한다. 책을 읽되 표현 방법에 선택권을 주는 것이다. 독서록 표현 방법을 보면 아이의 재능도 엿볼 수 있다.

넷째, 독서 1시간 숙제로 독서 습관 잡기

그러나 독서록보다 책 읽기가 우선이다. 독서록은 일주일에 1편 정도면 적당하다. 독서록 쓰기에 지쳐서 아이들이 오히려 책 읽기를 싫어하게 되면 안 된다. 아이들에게서 책 읽는 즐거움을 빼앗아갈 수 있으니 조심스럽게 접근하자.

초등학생에게 뭔가 숙제를 꼭 내야 한다면 독서 1시간이 제격이다. 독서 습관이 몸에 배지 않으면 아이들은 절대로 책을 읽지 않는다. 우리 반의 경우 독서가 숙제이긴 하지만 큰 강제성은 없다. 1시간 동안 책을 읽은 날이면 스스로 체크리스트에 체크표시만 하면 된다. 체크표시 100개를 모아 오면 가족과 함께 오순도순 나눠 먹으라고 건빵 한 봉지를 축하선물로 준다. 한 가지 일을 꾸준히 스스로 해나간다는 것은 엄청난 일이다. 그 축적의 시간이 그 아이의 삶을 만든다고 믿는다. 독서는 습관이다. 고학년이 되어 책 읽으라고 하면 아이들은 콧방귀도 안 뀐다. 오히려 이런저런 숙제는 과감히 없애고 책 읽기 1시간 숙제를 내는 것이 아이가 책을 가까이하는 데 도움이 될 것이다.

다섯째, 저학년이라면 그림책 읽어주기로 독서에 흥미를 일으키고 생각 나누기

저학년의 경우 아이들이 책 읽기에 관심을 갖게 하려면 교사가 그림책을 읽어주는 것이 좋다. 1학년 창의적 체험활동 시간에 재미있는 그림책을 읽어주고, 책 내용에 대해 이야기를 나누고, 독후활동까지 이어지게 한 경험이 있다. 아이들의 듣기 능력을 기르기에도 좋고, 집중력을 기르기도 하며, 책에 대한 호기심을 불러일으키는 등 일석삼조의 효과가 있다. 저학년 교사라면 특히 그림책 읽어주기를 강력 추천한다.

얼마 전 책 읽기 연수에서 《진정한 일곱 살》이라는 그림책을 소개받고 5학년 아이들에게 그림책을 읽어주었다. 재미있게도 5학년도 그림책을 굉장히 좋아했다. 그림책은 글도 많지 않아서 교사가 읽어주기에도 부담 없다. 책 내용에 대해 아이들과 이야기를 나누고 각자 A4용지 한 장에 그림과 함께 진정한 열두 살은 어떠해야 하는지 적어보게 했는데, 25명의 아이들 생각이 모이니 훌륭한 그림책이 한 권 탄생했다. 아이들은 피카소의 말대로 천재인 모양이다. 그 천재성을 교사가 어떻게 이끌어내느냐가 관건이다. 저학년을 맡고 있는 어떤 교사는 돌아가면서 친구들에게 읽어주고 싶은 그림책을 가지고 오라고 한 후 직접 읽어주게 한다. 그림책은 아이들이 책에 흥미를 갖게 하는 관문이다.

토론하고 글쓰기, 그리고 실천으로 완성하기

고학년의 경우에는 책 한 권을 같이 읽고 주제를 정해 토론해도 좋다. 6학년 담임을 하면서 도서관에 비치된 책들 중 학교폭력과 관련된 《6학년 1반 구덕천》을 빌려와 함께 읽고 '학교폭력 가해자를 전학시키는 것은 옳은가?'에 대해 진지하게 토론한 경험이 있다. 독후활동으로 모둠별로 학교폭력과 관련된 포스터를 그려 복도에 전시하고, 책 줄거리를 바탕으로 극본을 써서 연극을 하면서 학교폭력의 끔찍한 현장을 담아내기도 했다. 6학년 복도에 토론 주제에 대해 어떻게 생각하는지 설문 스티커를 붙이게 해서 6학년 전체가 학교폭력에 대해 모두 함께 생각해보는 계기를 마련하기도 했다. 한 달 동안 진행된 프로젝트 수업이었는데, 아이들 생각이 쑥쑥 자라는 모습을 지켜볼 수 있어 교사로서 기뻤다.

아이들을 생각의 길로 이끌려면 독서, 토론, 글쓰기가 제일이라는 생각이다. 독서는 튼튼한 배경지식을 갖게 만든다. 그러나 일부 선생님들은 독서는 어느 정도 하겠는데 토론이 어렵다고 한다. 나 또한 마찬가지였다. 토론이 어려운 이유는 그 형식과 절차 때문이다. 또한 찬성과 반대로 나누어 승패를 가르는 게 한국인의 정서에 맞지 않기 때문이기도 하다. 따라서 형식의 절차에 얽매이는 틀을 깰 필요가 있다. 학교에서 배우는 토론은 내 생각과 다른 친구의 생각을 나누는 대화에 가깝다. 복잡한 토론의 단계를 주장 펼치기-반박하기-주장 다지기 3단계로만 생각하면 접근하기가 훨씬 쉬워진다.

토론에 쉽게 접근하기 위해서는 먼저 논쟁거리인 주제가 있어야 하는데, 주제는 세상에 대한 질문과 호기심이다. 주제는 같은 책을 읽고 정해도 되고, 일상생활 문제나 사회적 이슈로 정해도 된다. 그다음에 찬성팀과 반대팀으로 나누어 이유와 설명을 하게 한다. 시간이 있으면 이유와 설명을 미리 찾아오게 하는 것도 좋은데, 이유와 설명을 찾는 과정 자체가 공부가 되기 때문이다. 아이들은 도서를 통해서, 신문자료를 통해서, 방송자료를 통해서, 전문가의 의견을 통해서, 설문조사 및 인터뷰를 통해서, 사전을 통해서, 경험을 통해서 자신이 그렇게 생각한 이유를 찾아 설명할 수 있다. 그다음은 상대팀의 반박과 답변이 탁구공처럼 이어진다. 판정단이 있다면 마지막으로 최종 결론을 내고 승패를 낼 수도 있고, 승패 대신 소감을 발표하게 할 수도 있다. 토론의 목적은 상대방을 이기기 위한 것이 아니라 내 사고의 확장을 위해서라는 것을 명심하자. 토론 주제를 정하고, 자료를 찾고, 토론한 일련의 과정을 기록하면 그대로 글쓰기가 된다. 토론한 날은 주제 글쓰기 숙제로 토론 주제를 주면 되는 것이다.

나는 인권침해 여지가 있는 일기 쓰기에서 벗어나 일주일에 두 번 그 주에 배운 내용을 가지고 주제 글쓰기를 한다. 주제에 대해 글을 쓴 내용을 보면 아이의 사고 수준을 알 수 있고, 아이가 잘 알지 못하는 내용에 대해서는 댓글을 통하여 자세히 알려줄 수도 있다. 주제 글쓰기 노트는 아이와 교사의 소통 창구가 된다.

그러나 독서, 토론과 글쓰기에 그쳐서는 안 된다. 실천이 뒤따라야 한다. 나의 경우엔 창체활동 자치 시간에 학교생활에서 불편한 문제에 대해 아이들의 문제 제기를 받고, 토의와 토론으로 함께 해결책을 찾아나갔다. 조벽 교수는 '글로벌 시대의 인재로 키우는 부모 역할' 주제 강연에서 미래 인재의 핵심 요소는 알쏭달쏭한 상황을 헤쳐나갈 수 있는 퍼지 사고력(Fuzzy thinking)이라고 했다. 조 교수는 강연에서 "문제해결 대신 질문을 제기할 수 있는 호기심, 낮은 성공률에 도전할 수 있는 모험심, 그리고 실패에 굴하지 않고 쿨하게 다시 도전할 수 있는 긍정적 사고가 절대적으로 필요하다"면서 "호기심과 모험심은 스스로 할 수 있는 능력의 기초"라고 말했다. 또 "미래 인재를 위한 최선의 창의성 교육은 학생들의 호기심과 모험심을 허용하는 교육환경을 만들어주는 것"이라며 "생각이 자유로울 수 있고 실수가 허용되고 용서되는 환경에서 꽃을 피운다"고 강조했다. "창의력은 요구하는 게 아니라 허락하는 것"이라는 말도 덧붙였다. 세상에 대한 호기심의 출발로 나는 아이들에게 우리 반의 문제점이나 우리 학년, 우리 학교의 문제점이나 불편한 점에 대해 말해보게 하고, 그 해결 방법에 대해 토의와 토론을 하게 한다. 여기에서 그치지 않고 실천까지 하도록 유도한다. 아이들은 자신들의 생활 속 문제이기 때문에 열의와 자발성을 가지고 참여한다. 아이들의 문제 제기가 들어오면 창체 시간에 진행한다.

아이들과 이야기한 것 중 기억에 남는 것이 있다. 화장실에서 냄새가 너무 나서 불편하다고 호소했는데, 아이들끼리 토론한 결과 용변을 보고 물을 내리지 않았기 때문이라는 결론이 나왔다. 그래서 우리 반 아이들은 "물은 내리고 삽시다. 똥 싸고 물 내려!" 같은 광고 포스터를 만들었다. 쉬는 시간에 화장실 앞에서 캠페인을 벌이고 광고를 화장실 앞에 부착해놓았더니 그 이후로 화장실에서 불쾌한 냄새가 사라졌다.

또 하나는 학기 말이었다. 쉬는 시간에 복도에서 무리지어 세력을 과시하며 어슬렁거리는 아이들 때문에 불편하다는 이야기가 문제로 제기되었다. 아이들이 무리 짓기의 장단점에 대해 토론을 벌이다 우리 학년에서 왕따와 전따, 은따 소문이 돌고 있다는 이야기까지 나왔다. 그 시간을 통해서 교사가 알지 못했던 아이들 세계에 대한 이야기를 들을 수 있었고, 유난히 얼굴이 어두웠던 우리 반 여학생의 왕따 문제해결에 도움을 줄 수 있었다. 또 아이들은 "왕따와 전따를 방관만 하는 당신도 공범입니다"라는 포스터를 스스로 만들고 같은 학년 교실을 돌며 공익광고 캠페인을 열기도 하고 화장실 앞 게시판에 부착해놓았다. 그 결과 반에서 힘없고, 가정 형편이 어려운 아이를 은근히 무시하는 모습이 사라지는 것을 볼 수 있었다. 학교는 누구에게나 공평하며 안전한 곳이어야 한다. 안전한 곳이라고 느껴야 아이들이 공부에 집중할 수 있다.

세상에 대한 호기심은 거창한 게 아니다. 내 문제부터, 우리 가족 문제부터, 우리 반, 우리 학년의 문제부터 문제의식을 가지고 불편함을 인식하고 적극적으로 해결하려는 것에서부터 시작된다고 믿는다. 아이들과 함께하는 학급 자치 토의와 토론을 강력 추천한다. 토의와 토론은 거창할 필요도 없다. 아이들이 자유롭게 이야기할 수 있는 멍석을 깔아주기만 하면 된다. 머리를 맞대고 문제를 해결하는 과정 속에서 창의성이 나오고 민주시민의 자질이 길러진다.

우리 아이가 문제집 풀기를 싫어해요. 어떻게 하죠?

"혹시 댁의 아이가 문제집 풀기를 싫어하지 않나요? 아마도 많을 거예요. 축하합니다. 댁의 자녀는 창의성이 충만한 우뇌가 우세한 아이일 가능성이 높습니다." 얼마 전에 둘째 아이 학교에서 진로교육 학부모 대상 강연회에 갔더니 뇌 기반 학습으로 유명한 안진훈 박사님이 하신 말씀이다. 아이들을 키우고, 가르쳐보니 논리 사고력이 중심인 좌뇌가 우세한 아이를 제외하고는 문제집 푸는 것을 그다지 좋아하지 않았다. 초등학교 때 좌뇌가 우세한 아이는 공부는 잘할지 모르지만 사실 재미는 별로 없다. 엉뚱하고 재미있고 창의적인 아이는 대부분 우뇌가 우세한 경우가 많기 때문이다.

문제 풀기 싫어하는 아이들은 우뇌가 우세한 두뇌일 확률이 높다. 우뇌 아이들은 숫자와 빼곡히 순차적으로 적혀 있는 설명서, 딱딱한 이론서들을 힘들어한다. 어떻게 이렇게 잘 아느냐고? 내가 우뇌 우세형 인간이기 때문이다. 나도 사실 순차적으로 하나씩 풀어야 하는 문제집 풀기를 싫어한다. 딱딱한 숫자들은 보기만 해도 어지럽다. 전자제품 설명서는 남편이나 아들에게 주고 잘 읽은 후 나에게 설명해달라고 한다. 책을 읽을 때도 감성을 배제한 딱딱한 이론서나 사실만을 전달하는 책은 잘 읽지 못한다. 우리 둘째 아이가 내 유전인자를 많이 닮았는지 문제집 푸는 것을 너무 싫어한다. 오히려 책 읽기가 낫단다.

"첫째 아이는 자기주도학습이 되는데, 둘째 아이는 왜 안 될까?" 고민 결과 내가 얻은 답은 타고난 뇌의 성향이 다르다는 것이었다. 《아이 머리 바꿔야 성적이 오른다》의 저자 안진훈 박사는 우뇌 우세형 아이에게 어린 시절에 수학 문제집을 억지로 풀게 하면 그 아이가 갖고 있는 창의성이 죽는다고 경고했다. 아이가 우뇌 우세형이라는 판단이 들면 문제집을 꼼꼼하게 푸는 욕심은 포기해야 한다. 우리 둘째 아이도 초등학교 때 문제집 푸는 것을 포기했다. 대신에 단원평가 시험이 있기 전날 문제집에 나와 있는 국·수·사·과 단원평가 1장만 풀어보고 틀린 것은 앞에서 찾아보게 하는 정도로 그쳤다. 수업 시간에 선생님 말씀만 잘 들었다면 이렇게만 해도 80점 이상의 점수는 평균적으로 받아온다. 나머지 공부는 책 읽기로 대체하기로 했다.

이렇게 하니 우뇌형 아이와 우뇌형 엄마가 더 이상 싸울 이유가 없어졌다. 공부 때문에 관계를 망치느니 엄마가 욕심을 내려놓는 게 맞다고 생각한다. 무엇보다 아이와의 관계가 중요하다. 언젠가 창의성이 꽃필 거라고 지그시 믿으면서 말이다. 꽃피지 못해도 할 수 없지만 적어도 문제집 푸는 공부는 중학교에 가서 시작해도 늦지 않다는 생각이다.

요즘 초등학교에서는 중간고사, 기말고사가 사라졌다. 단원평가와 수행평가가 있는데, 단원평가도 담임의 재량에 따라 보기도 안 보기도 한다. 교사의 교육철학과 소신에 달려 있다. 나는 초등학교에서 어느 정도 튼튼한 기초지식은 필요하다고 생각하기 때문에 단원평가를 보아왔다. 그러나 그렇게 큰 의미는 두지 않는다. 아이가 학습 내용을 잘 이해하고 공부를 따라오고 있는지 참고할 뿐이다. 2015 개정교육과정이 순차적으로 잘 적용되면 과정 중심의 평가로 변하면서 단원평가마저 사라질지 모른다. 그러니 초등학교에서는 아이들 점수에 그다지 연연할 필요가 없다. 점수 결과에 대한 비난보다는 아이의 성장과 배움에 초점을 맞추어 아이가 노력한 과정에 대한 칭찬과 인정, 격려와 지지를 보내야 한다.

둘째 아이는 초등학교를 졸업할 때쯤 공부의 필요성을 느꼈는지 전과 달리 공부해보려는 모습을 보이고 있다. 아이를 믿고 기다려주면서 아이의 자존감을 높여주는 부모의 인내가 필요함을 절실히 깨달았다. 자존감 있는 아이는 언젠가는 꽃을 피울 것이다. 급한 마음에 어린 새싹을 손으로 잡아 뽑는 어리석음만은 피해보자.

|4부|

20년 차 교사가
젊은 교사에게
보내는 편지

교사,
교육전문가로
성장하다

20년 전 저의 첫 학교는 성북구에 있는 전체 12학급 정도의 작은 초등학교였습니다. 버스 정류장에서 내려 한참을 걸어 올라가야 하는 언덕배기 위의 학교였지요. 저는 사실 1997년에 임용되지 못하고, 1년을 기다려 1998년에 임용을 받았어요. 남들보다 1년 늦게 발령받은 게 오히려 커다란 행운이었지요. 덕분에 1년 동안 시간강사, 기간제 교사, 학원강사 생활을 하면서 정규직 교사가 대우와 수입 면에서 비정규직과 얼마나 차이가 큰지 뼈저리게 느낄 수 있었습니다. 교직의 소중함도 절감하고요.

　　그러나 사람이 살다 보면 흔들릴 때가 많아요. 이런저런 일에 치이다 보면 감사한 마음과 젊은 날의 열정은 슬그머니 사라지고, 오래된 파김치처럼 지쳐서 쉬운 방법을 선택하게 되고, 그러다 어느새 타성에 젖어 있는 스스로의 모습을 발견하게 되지요. 지금 내 모습이 어떤지 확인해볼 수 있는 방법이 있어요. 아이들은 저를 비추는 거울이랍니다. 내가 교단에 섰을 때 아이들이 초점 없는 눈으로 바라보며 졸고 있거나 교사 자신이 가르치는 일이 재미없다면 수업방법을 뒤돌아보아야 해요. 교사에게 배움이 필요한 때지요.

　　힘들게 하는 학생이 있다면 그 아이는 교사인 당신에게 힘들다고 구조신호를 보내고 있는 거예요. 다른 아이보다 사랑과 관심이 더 많이 필요한 아이일 수 있어요. 그 아이는 다른 아이보다 부모님의 사랑과 관심의 출발선에서 한참 뒤에 있는 아이일 수 있지요. 그래서 힘들다고 아우성치는 경우가 많아요. 한번은 우리 반 아이가 이런 질문을 했어요.

　　"선생님, 선생님은 왜 부족한 아이를 더 사랑해주세요?"

저는 깜짝 놀랐어요. 같은 친구를 '부족한 아이'라고 표현했기 때문이에요.

"ㅇㅇ아, 사람들은 모두 동등한 존재야. 누가 더 낫고 누가 더 부족하다는 기준이 무엇일까? 사람들은 모두 각기 다른 재능을 타고나고 생명의 가치는 모두 똑같지."라고 진지하게 말해주었더니 아이는 바로 고개를 끄덕이며 수긍했어요.

혹시 그래도 선생님을 힘들게 하는 아이들이 있다면 그 아이와 관련된 공부를 하세요. 심리학도 좋고, 감정코칭도 좋고, 학습 방법도 좋고, 상담 쪽도 좋아요. 불편한 사람이 우물을 파야 합니다. 아이는 절대로 혼자서 우물을 파지 못한답니다. '문제아'는 없어요. 문제 부모와 문제 환경이 있을 뿐이지요. 필요하면 부모를 불러 상담도 해야 하고, 아이를 방치하고 나 몰라라 하는 초보 부모라면 먼저 경험한 선배 부모로서 조언도 해주어야 해요. 나쁜 사람들이라서가 아니라 젊은 부모라 서툴러서 그러니까요. 먹고살기 힘들어서 미처 아이를 돌볼 여력이 없을 수도 있고요. 그런 아이는 교사인 제가 좀 더 챙겨주면 돼요.

아이들 하나하나는 다 예쁘고 사랑스럽지만 아이들을 모아놓으면 사실 정신없고 힘들어요. 제가 그래요. 특히 내 몸이 아프거나 컨디션이 안 좋거나 걱정거리가 머릿속에 맴도는 날에는 아이들과 함께하는 시간이 몇 배로 힘들 수 있어요. 그래서 교사는 마음에 여유가 있어야 하고, 건강해야 하는 것 같아요. 저는 건강을 잃어본 후에 알았어요. 몸이 아프면 내 한 몸 건사하기도 힘들어 많은 아이들을 하나하나 보살피기 어렵다는 것을요. 젊을 때는 잘 몰라요. 나이 들수록 건강에 대한 중요성을 깨닫게 된답니다. 운동도 열심히 해서 건강을 잘 챙기기 바라요.

만약 선생님이 결혼한 상태여서 저처럼 아이 양육과 학교일을 병행하고 있다면 너무 자기 자신을 혹사시키지 마세요. 반찬가게에서 반찬을 사 먹어도 되고, 저녁하기 싫은 날은 아이들과 외식을 하셔도 됩니다. 괜히 죄책감 갖지 마세요. 모든 일을 나 혼자, 완벽하게 하겠다는 생각은 하지 마세요. 그러다 저처럼 병나서 후회합니다. 가사일과 육아를 남편에게도 당당하게 함께 하자고 요구하세요. 선생님은 기계가 아닙니다. 우리나라의 보배가 될 내 아이들을 키워가며, 학교 아이들을 열심히 가르친다는 것만으로도 선생님은 충분히 애국하고 있습니다.

아이를 키울 때는 정신없어 머리를 산발하고, 가끔씩 옷을 뒤집어 입고 출근하기도 하지만 아이들은 생각보다 금방 큽니다. 저도 너무 바쁘게 사느라 우리 아이들이 얼마나 예쁜지도 모르고 의무감과 책임감에 잔뜩 날이 선 채 긴장하며 산 것 같아요.

어떤 선생님은 여교사가 학교일에 올인하지 못할 바에는 집에 가서 애나 보라고 하는데 저는 그 의견에 동의하지 않습니다. 지적인 욕구를 채워주는 것도 중요하지만 아줌마 교사의 따뜻하고 넓은 품도 필요하지 않나요? 어쩌면 그게 더 중요한 게 아닐까요? 특히 요즘은 마음이 힘든 아이들이 참 많아요. 머리보다 마음이 먼저입니다. 조금 부족한 수업 기술은 내 아이 어느 정도 키워놓고 연수를 받으며 노력하면 해결될 수 있답니다. 오히려 아이들을 이해하고 사랑하는 마음, 아이들 따뜻하고 기운 나게 해주는 칭찬 한마디가 아이들에겐 절실합니다. 아이는 학교가 즐겁기를 기대하고, 학부모는 우리 아이가 사건사고 없이 상처받지 않고 선생님, 친구들과 함께 재미있게 공부하고 오기를 기대합니다. 교사는 그 기대에 부응하면 되지 않을까요?

처음부터 잘하는 교사는 절대 없습니다. 지금은 완벽하게 보이는 베테랑 선생님들의 흑역사를 저는 많이 알고 있고, 저에게도 엄청나게 많은 흑역사가 존재합니다. 교사는 그런 고민과 반성과 후회 속에서 자기 성찰을 통해 아이들을 조금 더 사랑하는 교사가 되는 것 같아요. 아이들에 대한 사랑도 나이가 들수록 여물어간다고 할까요?

아이들 때문에 힘든 일도 많지만 용기 잃지 마시고 환하게 웃으세요. 기분은 전염되니까요. 웃으면 복이 온다는데 내일은 저도 학교 가서 좀 더 웃어야겠어요. 선생님께서는 지금도 충분히 잘하고 있습니다. 앞으로도 초심 잃지 말고 애써주세요. 항상 선생님의 건강과 마음에 평화를 기원하겠습니다.

20년 차 선배교사 드림

01.
저출산과 교대생들의 반란?

교육부에서 2017년 8월 3일 교원 임용 선발인원을 40.2% 줄이겠다고 발표했다. 서울은 현재 1000여 명이 넘는 임용고시 합격생들이 발령을 기다리고 있다. 임용고시 합격 후 3년 이내에 발령받지 못하면 합격이 취소된다고 한다. 교대생들은 즉각 반발하고 나섰다. 자기들을 임용적체의 희생양으로 삼으려 한다는 주장이다. 교대생들의 입장도 충분히 이해가 간다. 얼마나 분하고 억울하겠는가? 4년 동안 교사가 되겠다는 꿈만을 위해서 달려왔을 텐데 말이다.

드디어 우리 사회의 인구절벽 문제가 하나둘씩 수면 위로 떠오르고 있다. 서울에서도 입학생이 없어서 학교 문을 닫는 초등학교가 하나둘 늘어나고 있다. 인구절벽 문제는 학령인구의 감소로 이어지고, 일정 부분 교사 임용의 감소로 이어진다. 학령인구 감소 문제 외에도 교원 수급

정책의 실패 원인 중에는 교원들만 체감하는 또 다른 문제가 있다. 교원 명예 퇴직자의 걸림돌이 되고 있는 캥거루족 이야기다. 대부분 교사의 명퇴 시기는 50대인데, 자녀들이 대학을 졸업하고도 제대로 취업을 하지 못해 캥거루족이 되었기 때문이다. 자녀들이 취업 후 독립해서 나가야 교사들도 마음 편히 명퇴를 신청하고 자신의 남은 인생을 즐길 텐데 자녀 부양 문제가 발목을 잡는다.

우리나라의 저출산 문제는 심각하다. 우리나라의 출산율이 35개 OECD 국가 중 최하위일 뿐 아니라 전 세계 225개국 중에서도 220위로 최하위 수준이라는 조사결과가 발표되었다. 가임기 여성 1명이 평생 1.25명의 자녀를 낳는다고 하는데, 이런 저출산이 계속된다면 갈수록 인구가 줄어들어 국가의 위상마저도 쪼그라들 전망이다. 정부는 지난 10년간 80조 원이라는 막대한 예산을 쏟아부으며 출산율을 높이기 위해 애써 왔는데 성과는 미미하다. 저출산으로 인한 인구감소는 인구 고령화와 생산인구의 감소, 소비 부진 등 사회경제적으로 심각한 문제를 부른다. 엄청난 집값과 고용불안으로 제 한 몸 추스르기도 힘든 젊은이들이 결혼을 필수로 생각하지 않는 세상이다 보니 아예 결혼하지 않는 비혼 세대가 늘고 있다. 결혼을 하더라도 가급적 늦게 하고 아이도 안 갖거나 하나만 낳는 사람들이 늘어난 것이 출산율 저하의 원인으로 지적된다.

삼포세대, 헬조선, 흙수저 등 유행어에서 알 수 있듯이 취업난에 경제적 어려움을 겪는 젊은 세대는 가정을 꾸릴 능력이 부족하다 싶으면 아예 혼자 살겠다고 한다. 요즘 인기 있는 〈나 혼자 산다〉나 〈미운 우리

새끼〉 같은 예능 프로그램은 이런 싱글족들의 현실을 반영하고 있다. 어쩌면 혼자 사는 젊은 청년들을 마음껏 자유를 누리며 나 혼자라도 속 편히 살자는 이기심 덩어리라고 볼 수도 있으나, 엄청난 집값과 자녀양 육비, 사교육비 등 천정부지로 치솟는 생계 부담을 감당키 어려워 내린 결정이니 나무랄 수도 없다. 인구학자인 서울대 조영태 교수는 〈명견만 리〉라는 프로그램에서 저출산의 원인 중 하나가 아이들 양육에 드는 사 교육비라고 지적했다. 저출산의 늪에서 빠져나온 프랑스를 예로 들면 서 질 높은 공교육과 방과후 교육으로 국가가 책임지는 교육이라는 해 법을 제시했다.

유럽에서 출산율 관리의 모범사례로 꼽을 수 있는 나라가 스웨덴, 영국, 프랑스다. 스웨덴은 남성의 의무적인 육아휴가 사용 등 보육에서 의 양성평등이 엄격하며, 공보육 중심의 인프라 확충에 역점을 두고 있 고, 보육부터 교육부가 일괄관리함으로써 투자의 효과성을 높이고 있 다. 프랑스는 가족정책을 전담하는 전국적 지원체계를 갖추고 있다. 임 신에서 출산, 양육, 교육까지 전 과정에서 파격적인 현금보조금이 지급 되고 있으며, 가족정책을 일괄해 관리하는 전국 네트워크인 '가족수당 전국공단'은 가족정책의 효율성을 높이기 위해 앞장서고 있다. 또한 유 치원에서 대학까지 책임지는 공교육의 질이 높다. 사교육비가 따로 안 들기 때문에 아이를 낳아도 그다지 힘들지 않은 것이다.

그러나 우리나라는 아이 1명을 대학까지 키워내는 데 4억이 든다는 통계가 있다. 자녀가 많을수록 부모 등골은 휠 수밖에 없다. 문재인 정 부는 아이가 초등학교 입학 전까지 아동수당 10만 원을 지급하겠다는

데 그걸로 될까 싶다. 아동수당 10만 원 받으려고 아이를 낳으려고 할까? 우리나라에서는 아이 키우는 데 훨씬 더 많은 돈이 드는데 말이다. 유치원에서부터 대학까지 국가가 교육비용을 책임진다면 모를까. 나부터도 국가가 아이들 교육비용을 책임지고 사교육이 필요 없을 정도로 아이들이 질 높은 학교 공교육과 방과후 교육을 받을 수 있게 해준다면 셋째 아이를 낳아 키우는 것을 고려할 수 있다.

내가 생각하는 우리나라 저출산의 해법은 질 높은 공교육의 정상화로 사교육의 거품을 빼는 것이다. 남성이 육아와 교육을 돕는 것이 아니라 함께 하는 것이라는 사회·문화적 인식이 자연스러워져 여성을 독박 육아에서 해방시켜주는 것이다. 양성 보육과 교육 평등이 중요하다. 또한 질 높은 공교육을 위해 지금보다 교사 수를 늘리는 방안도 있다. 박남기 광주교대 교수의 의견을 들어보자.

"국가가 책임지는 질 높은 공교육은 누가 만드나? 바로 교사가 만든다. 아이들이 학교에 적응하지 못하고, 이로 인한 학부모의 공교육에 대한 불신은 교실에서 학생들이 가치 있는 개인으로 대우받지 못하고 있기 때문이다. 학급당 인원수가 25명에서 35명쯤 되는 콩나물시루에서 교사가 학생 개별 특성에 맞게 교육하라고 하는 것은 무리다. 어쩌면 지금이 우리나라가 학급당 학생 수를 OECD 평균으로 낮출 수 있는 절호의 기회인지 모른다.

한때 국가 예산의 23%대에 이르렀던 교육예산은 14%대로 줄어들었다. 질 높은 교사를 늘리는 것은 교육의 질을 높이는 최소의 필요조건이다. 적정한 수의 질 높은 교사 확보와 학교 시설 개선에 대한 투자 없이는 '공교육 정상화, 교육 국가 책임제, 기초 학력 보장제'는 공허한 약속이 될 것이다."

학급당 인원수를 줄이지 못한다면 최소한 교사가 수업에 집중할 수 있도록 수업과 교육행정만이라도 분리하자. 교육행정 공무원이라도 뽑는다면 청년실업 문제도 해결될 것이 아닌가? 지금 우리나라의 초등학교에는 교육과정에 의한 수업 외에 돌봄과 방과후 교육도 들어와 있다. 어떤 부모는 자녀의 저녁도 학교에서 해결해주었으면 한다. 그 모든 것을 어떻게 교사가 다 해결하나? 부모도 힘들어서 못하는 것을 말이다.

따라서 우리나라 저출산의 해법은 학령인구가 줄어든다고 교사 수를 줄이는 것이 아니라 질 높은 교사 수를 늘리는 것에 있다. 교사 한 명이 수업지도, 생활지도, 행정업무 등의 삼중고에 시달리며 아이들 교육을 등한시하지 않도록 예산을 투자해야 공교육이 살아나 사교육의 거품이 꺼질 것이다. 최고의 엘리트들이 왜 학교라는 시스템에 들어가면 허우적대고 무기력해지는지 시스템을 점검해보아야 한다.

02.
사교육,
피할 수 없다면 어떻게 이용할 것인가?

대한민국의 사교육 문제는 어제 오늘 일이 아니며 한 해 평균 18조 가까이 된다는 통계가 있다. 드러나지 않는 사교육까지 포함하면 40조를 넘을 것이다. 대한민국의 초·중·고 80% 이상이 사교육을 받는다는 통계도 있다. 부모의 소득 수준에 따라 8배 가까이 차이가 나는 등 사교육에서도 양극화 현상이 심화되고 있다.

맞벌이의 증가로 학원은 교육과 보육의 기능까지 더해졌다. 학교 방과후 교육은 대부분 5시면 끝나는데 회사원 부모는 7~8시가 되어야 퇴근한다. 따라서 학원은 부모가 퇴근해서 집에 올 때까지 아이를 안전하게 돌봐주는 곳의 기능까지 맡게 된 것이다. 부모가 이렇게 사교육을 시키는 이유를 곰곰이 들여다보았다. 사교육을 시킬 수밖에 없는 사회적 시스템이 대한민국 부모의 교육열 때문만이라고 단정 짓기에는 석연치 않은 구석이 있다. 어떤 사회적 모순들이 있을까?

첫째, 요즘 우리 아이들은 친구들과 같이 놀 장소가 없다. 아파트 단지에서 축구라도 하면 시끄럽다고 난리다. 아파트 아이들이 놀 수 있는 작은 공터도 주민들이 시끄럽다는 이유로 메워 화단을 만들어버렸다. 축구를 좋아하던 우리 둘째 아이도 더 이상 밖에 나가서 놀지 않으려고 한다. 같이 놀던 친구들도 이젠 모두 다 집으로 들어가버렸다.

둘째, 집에 있게 된 아이들은 심심하면 할 게 없어서 집에 돌아다니는 책을 읽었다. 예전에는 그랬다. 그러나 요즘 아이들에게는 텔레비전, 컴퓨터, 스마트폰이 있다. 도대체 심심할 겨를이 없는 것이다. 하루 종일 방 안에 틀어박혀 살 수도 있다. 부모들이 크던 옛날에는 아이들이 밖에서 하루 종일 놀다 깜깜해질 때가 되어서야 집에 들어와 저녁을 먹었지만, 요즘은 부모가 일하러 나가고 없는 집에서 아이들만 머문다. 컴퓨터, 스마트폰 중독이 넘쳐 나는 이유다. 집에서 아이들이 자기주도 학습을 하기엔 물리쳐야 할 강력한 적이 셋이나 있다. 아이들은 본능이 앞서는 미성숙한 존재가 아닌가? 아이들이 게임과 선정적인 음란물에 중독되는 걸 보느니 부모는 차라리 학원을 선택하게 된다.

셋째, 부모도 하루 종일 방 안에만 틀어박혀 있는 아이와 함께 있는 것이 숨막힌다. 요즘 아이들은 형제가 많지 않아서 하나나 둘뿐이다. 외동이들은 더하다. 부모가 외동이와 놀아주는 데도 한계가 있다. 그래서 부모는 할 수 없이 아이들의 놀이터이자 공부도 봐준다는 학원으로 보내게 된다. 아이가 학원에 가 있는 동안 쉴 수 있고, 자기 시간을 가질 수도 있기 때문이다. 공부를 열심히 하고 있을 거라고 믿으면서 말이다.

넷째, 부모가 어렸을 때는 할아버지, 할머니, 삼촌, 고모 등 확대 가족이었다. 부모가 일하는 동안 아이를 돌봐줄 사람들이 있었다. 그러나 요즘은 젊은이들이 일자리를 찾아 도시로 이주하면서 핵가족과 맞벌이가 증가했고 아이들을 돌봐줄 사람이 없어 발을 동동 굴러야 한다. 그런 학부모들의 어려움을 간파하고 사교육이 파고들었다. 맞벌이 부부는 아이 양육과 돌봄 문제 때문에 어쩔 수 없이 사교육을 선택하게 되고, 전업주부 엄마의 아이들마저도 엄마의 위기의식과 함께 아이의 놀 친구를 찾아 학원에 발을 들이게 된 것이다.

요즘은 사교육 수요를 흡수하고자 학교에서도 방과후 학교를 열고 있지만 방과후 교육의 수준이 낮거나 다양하지 못하면 좀 더 체계적이고 발 빠르게 움직이는 학원 교육을 선호하는 모양새다. 방과후 학교의 행정업무까지 학교 교사가 하기에는 엄청난 무리가 따른다. 교사이면서 동시에 학원 원장 업무까지 감당한다는 게 가당키나 한가? 그래서 요즘은 방과후 학교 업체가 통째로 들어와서 운영하기도 한다. 내가 보기에는 오히려 그게 더 합리적인 것으로 보인다. 교사는 정상적인 정규 교육과정을 운영하기만도 벅차다. 또한 방과후 학교는 대부분 5시 이전에 끝나기 때문에 부모가 퇴근할 때까지 아이를 맡아줄 곳이 필요하다. 그래서 사교육의 수요가 있는 것이다.

그렇다면 요즘 초등학생들은 어떤 사교육을 받을까? 영어, 수학, 논술, 피아노, 수영, 태권도, 중국어, 축구, 농구 등 종류는 다양하다. 대부분은 저학년까지는 예체능 사교육을 받다가 중학년 이상이 되면 국·영·수 공부 위주로 갈아탄다. 초등학교에서 돌봄 기능 때문에 사교육을 피할 수 없다면 종류 선택에 신중해야 한다. 특히 영어, 수학 학원 중 선행을 엄청 시킨다든지 숙제가 너무 많은 곳은 피해야 한다. 아이가 공부에 대해 반감을 갖게 될 수 있기 때문이다. 아이는 이미 정상적인 학교교육만으로도 많은 에너지를 소진하고 왔다. 방과후에는 부모가 일하고 있는 동안 아이를 돌봐주면서 운동도 하고, 악기를 배우고, 마음껏 그림도 그릴 수 있고, 적당히 학교 진도에 맞춰 수학 공부를 봐주는 곳 정도가 적당하다. 선행학습에 욕심을 내면 아이가 스트레스를 받을 우려가 크다.

우리 두 아이들도 내가 퇴근해서 집으로 돌아오기 전까지 방과후 학교를 주로 이용했다. 첫째 아이는 방과 후 영어를 6년 동안 이용했으며 첼로와 창의 로봇, 컴퓨터를, 둘째 아이는 방과후 영어를 5년 동안 이용했으며 축구와 배드민턴을 배웠다. 첫째 아이는 인근의 피아노 학원을 6년 동안 이용했다. 둘째 아이는 피아노 학원을 5년 다녔고, 드럼은 2년째 배우고 있다. 둘째 아이는 6학년이 되어서야 학교 수업 복습 위주의 수학 학원과 활용영어 중심의 영어 학원을 보냈다. 두 아이 모두 수학, 영어 선행보다는 방과후 학교와 예체능 위주로 선택하게 했고, 내 퇴근 시간에 맞추어 6시 이전에 집으로 귀가할 수 있도록 했다.

대치동, 목동, 중계동 같은 학원 밀집 지역은 아이들 귀가 시간이 이보다 훨씬 늦을 것이다. 아이들은 기계가 아니기 때문에 쉴 시간이 필요한데 참 안타깝다. 쉬지 못한 뇌는 한계에 다다르면 언젠가 뻥 터질 수도 있기 때문이다. 휴식과 공부를 적당히 조절할 수 있어야 한다. 아이의 학원 이용 시간은 부모의 퇴근 시간 이전에 마치는 게 좋다. 아이가 어린 초등학교 시절은 가격도 저렴하고 안전한 방과후 학교를 추천한다. 부모의 퇴근 시간이 늦어 학원 교육을 피할 수 없다면 어떤 학원을 보낼지 잘 선택해야 한다. 강남의 한 학원은 방학 동안 아이들 점심까지 챙겨줘서 인기가 좋단다. 엄마가 전업주부인데도 엄마들이 아이 점심까지 학원에 맡긴다니 참 놀랍다. 방학 때 맞벌이 가정의 혼밥 먹는 아이들을 위해서 동네 곳곳에 급식소가 있으면 좋겠다는 생각을 했었는데, 발 빠른 사교육이 대체하고 있는 것 같아 씁쓸하다.

초등학교에서 영어는 무리한 문법 위주의 선행보다는 영어회화를 중심으로 매일매일 익숙하게 접할 수 있는 방과후 학교 영어 정도가 적당하고, 수학은 문제집을 사서 하루에 한 장 정도 풀면서 아이가 수학에 대한 흥미와 관심을 유지하는 게 좋다. 우리 둘째 아이처럼 아이가 혼자서 문제집 푸는 것을 너무 힘들어하면 고학년이 되어 수학 학원에 보내고, 학교 수업의 복습 정도를 해주는 곳을 이용하라고 권하고 싶다. 초등학교에서의 선행학습은 의미가 없다. 오히려 초등학교 때 경험해야 할 다양한 예체능 경험 시간을 날릴 뿐이다. 어차피 아이가 중·고등학교에 가면 영, 수 공부하느라 예체능에 투자할 시간이 없다. 아이가 중학교에 가면 영어, 수학 학원은 기본으로 보내게 된다. 집에서 스마트폰만 들여다보려는 사춘기 아이를 가만히 지켜보기에는 부모가 너무 힘들기 때문이다. 지금 대한민국 현실은 그렇다.

따라서 초등학교 때 보육의 기능이 필요하다면 방과후 학교나 예체능 학원을 권하고 싶다. 피아노, 태권도, 컴퓨터, 미술, 발레, 축구, 농구, 미술, 배드민턴 등 다양한 예체능을 접해보면 진로와 재능을 찾는 일에도 유리하다. 무리한 선행학습보다는 오히려 그 시간에 다양한 책을 읽히는 게 낫다. 초등학교 때는 아이의 다양한 적성과 재능을 찾아줄 수 있는 예체능 사교육을 이용하는 것이 아이가 풍요로운 인생을 사는 데 도움이 된다. 초등학교 때의 과도한 선행 사교육은 어찌 어찌해서 운이 좋아 특목고, 명문대에 진학할 수 있을지는 몰라도 명문대 진학 이후에는 오히려 공부와는 담을 쌓게 만들 수 있음을 명심해야 할 것이다. 보육 기능 때문에 어쩔 수 없이 사교육을 피할 수 없다면 현명하게 이용해야 한다.

03.
공부법: 동양인 vs 서양인 vs 유대인

세계의 다른 나라들은 어떻게 공부할까?

우리나라만 공부 경쟁이 심할까? KBS 공부하는 인간 제작팀이 만든 《공부하는 인간》이라는 책을 읽어보니 우리나라만 그런 게 아니었다. 중국도, 일본도, 인도도, 프랑스도, 미국도, 유대인도 모두 자신의 아이가 공부를 열심히 하길 바란다. 또한 중국은 베이징대, 일본은 도쿄대, 한국은 서울대에 입학하는 것을 최고로 여긴다. 서양은 명문대학의 폭이 동양보다 다양하다. 그 책의 내용을 요약 정리하여 내 생각을 보태면 다음과 같다.

동양과 서양의 공부 방식은 확연히 다르다. 동양의 공부가 밖에서 안으로 지식을 집어넣는 방식이라면, 서양은 안에 있는 것을 밖으로 끄집어내는 방식이다. 동양은 수동적으로 듣는 방식이라면, 서양은 능동적으로 묻고 표현하는 방식이다. 동양의 교실은 조용하고, 서양의 교실은 시끄럽다.

'집단 관계'를 중시하는 동양 사회에서 가장 바람직한 인간형은 타인과 조화롭게 사는 것이기 때문에 자신의 능력이나 재능이 월등해도 드러내거나 자랑하는 것을 미덕이라고 여기지 않는다. 오히려 드러내지 않는 것이 미덕이다. 자신의 능력을 표현하는 것은 겸손하지 못한 교만한 행동으로, 집단의 조화를 깨뜨리는 것으로 인식된다. 반면 '개인, 독립성'을 중시하는 서양 사회에서는 개인의 만족과 행복이 최우선이기 때문에 다른 사람의 눈치를 보기보다는 자기 스스로의 만족감과 행복감을 그 무엇보다 중요시한다.

이렇듯 자신의 생각과 감정을 표현하는 것에 대조적인 견해를 갖고 있는 동서양의 문화는 질문을 바라보는 관점 또한 극명하게 갈린다. 동양은 어떤 사안에 대해 비판적인 사고를 갖고, 질문을 하고, 논쟁하는 것을 부적절하게 생각하지만 서양은 정반대다. 서양인들은 끊임없이 묻고 답하는 과정에서 최고의 아이디어가 나온다고 믿기 때문에 아이를 교육할 때도 부모나 교사가 전달하는 지식을 그대로 습득시키기보다는 이에 대해 의문을 갖고 질문하기를 유도한다. 2010년 G20 정상회담에서 오바마 미국 전 대통령이 우리나라 기자들에게 질문 기회를 주었을 때 아무도 질문하지 못한 것은 교육 방식의 차이 때문으로 보인다.

그렇다면 세계를 움직이는 0.2%의 민족인 유대인의 교육은 어떠할까? 세계 60억 인구 중 1700만 명밖에 안 되는 유대인이 노벨상을 수상한 경우는 의학과 물리학 부문이 약 20%, 화학 약 10%, 경제학은 무려 60%를 상회한다고 한다. 세계 인구는 약 60억, 그중 유대인의 수는 1700만 명이다. 이런 소수민족이 노벨상 수상자를 단 한 명도 배출하지 못했다 해도 그리 이상할 것이 없건만 23%의 수상자를 배출했다는 것은 기적이나 다름없다. 게다가 할리우드의 거의 모든 영화사들을 유대인이 창립했고 세계적인 영화감독 중에도 유대인이 많다. 그 유명한 스티브 스필버그, 올리버 스톤도 유대인이라고 한다.

그런 유대인들의 교육 방식은 어떠할까? 궁금하지 않을 수 없다. 전문가들은 유대인의 공부 방식을 유대인들만의 독특한 가족주의 문화인 '안식일'에서 찾고 있다. 유대교의 안식일은 일주일 가운데 토요일, 엄밀히 말하면 금요일 해질녘부터 토요일 해질녘까지를 가리킨다. 안식일이 시작되면 유대인들은 문밖 출입을 하지 않고 금요일 저녁에 모든 가족들이 둘러 앉아 안식일 만찬을 즐기며, 가족들 각자의 소소한 일상부터 종교, 문화, 정치, 경제 등에 대해 광범위하게 이야기를 나눈다고 한다. 부모가 곧 스승인 것이다. 우리나라처럼 부모 자식 간의 소통의 단절이란 있을 수 없으며, 아이들은 아버지를 영원한 멘토이자 교사로 여긴다고 하니 놀라울 따름이다.

우리나라는 아이들은 학원에 다니느라 바쁘고, 부모들은 야근에 특근을 하느라 바쁘다. 유대인들의 가족문화가 한없이 부럽기만 하다. 우리나라 부모들은 학원 다니느라 바쁜 아이들과 대화와 소통을 제대로 하지 못하고 있다. 특히 중·고생들은 같이 밥 먹을 시간조차 없다. 〈공부하는 인간〉을 제작한 KBS 제작팀이 만난 이스라엘의 교육전문가들은 이렇게 말했다.

"유대인들이 교육을 특히 중요하게 생각하게 된 것은 역사적인 배경 때문인 것 같습니다. 유대인들은 1948년까지 국가가 없었으며 여러 나라에서 추방당했죠. 이때 이들이 가져갈 수 있는 것이라고는 지식과 기술뿐이었습니다. 따라서 교육은 어느 한 곳에서 다른 곳으로 이동할 때 필요한 생존도구였습니다. 교육을 받으면 지식과 기술은 자기 것이 되고, 이것은 아무도 빼앗지 못하는 자산이니까요. 그래서 유대인들은 교육을 중요하게 생각하며 투자한 것입니다."

세상에서 가장 시끄럽게 공부하는 유대인들은 학교에서도 시끄럽게 떠들고 쉴 새 없이 질문한다. "네 생각은 뭐니? 네 의견은 뭐니?" 이스라엘 교육전문가들은 이런 '질문을 통한 토론과 논쟁'이 유대인 공부 방식의 핵심이라고 말한다. 교사들은 학생에게 계속해서 질문을 유도하고, 학생들은 선생님의 가르침을 당연하게 받아들이지 않고 끊임없이 질문하는 것이다. 또한 도서관에서 짝을 이뤄 서로 질문을 주고받으며, 공부한 것에 대해 논쟁하는 유대인들의 토론 교육방법인 '하브루타'는 매우 유명하다. 유대인의 부모가 자식에게 나라 없는 설움 속에서도 무형의 지식과 기술을 전수해주는 과정인 안식일의 가족문화, 그리고 학교와 도서관에서 논쟁을 통해 진리를 구하는 과정인 하브루타의 교육 방식이 유대인의 DNA를 가장 창의적인 민족으로 진화하게 만든 것 같다.

동양과 서양, 유대인의 교육방법은 각기 다른 문화 속에서 각기 다른 교육 방식을 낳았다. 따라서 어느 하나의 교육방법이 좋아 보인다고 해서 바로 그대로 가져올 수는 없다. 문화적 배경도 무시하지 못하기 때문이다. 하지만 지금 새로운 기술들은 동양보다는 서양과 유대인 쪽에서 나오는 게 사실이다. 따라서 동양에 사는 우리나라의 교육 방식에 서양식 교육과 유대인의 교육방법을 어떻게 잘 활용할 수 있을지를 고민해야 한다. 그 고민과 실천 속에 대한민국 교육의 미래가 있다고 생각한다.

아이들 수학 실력의 차이를 극복하는 교사의 자세

교사들이 가르치기 가장 힘들어하는 과목이 수학이다. 아이들의 수준 차이가 가장 많이 나는 과목도 수학이다. 수학 포기자가 생기기 시작하는 시기는 초등학교 5학년 때다. 초등학교 4학년 수학부터 어려워지기 시작하는데 4학년 때 어물쩍대다가 5학년에 올라오면 더욱 어려워진 수학을 싫어하게 된다. 그래서 5학년 수학 단원평가를 보면 20점부터 100점까지 다양한 점수 분포를 보인다. 2학년 때부터 곱셈과 나눗셈을 제대로 이해하지 못한 아이는 20점을 절대 넘지 못한다. 저학년이면 남겨서 곱셈과 나눗셈을 어떻게 가르쳐볼 생각을 하겠는데, 고학년쯤 되면 어디서부터 손을 대야 할지 엄두가 안 난다. 이 문제를 풀기 위해 나보다 경력이 많은 옆 반 선생님께 자문을 구하러 나서봤다.

"선생님, 아이들 수학 수준이 너무 차이가 나서 어떻게 해야 할지 잘 모르겠어요. 고민이에요. 수학 성적이 바닥인 아이들에게 똑같은 시험지를 주면 항상 점수가 바닥인데 아이들 자존감에 상처가 될 것 같아요. '나는 원래 수학 못하는 애'라고 스스로 낙인찍을까 두렵고요.'

"맞아요. 그래서 나는 수학 단원평가를 20문제 정도로 보지 않고 5문제 정도로 보고 있어요. 수학 점수를 굳지 100점에 맞출 필요가 있을까요? 학습 목표를 달성했는지만 보면 되죠."

옆 반 선생님 말씀도 일리가 있다. 이번에는 그 옆 반의 옆 반 선생님께 자문을 구하러 간다.

"선생님, 아이들 수학 학습에 차이가 너무 많이 나서 고민이에요. 선생님은 이 문제를 어떻게 해결하고 계세요?"

"음, 저희 반은 아이들마다 자신의 수준에 맞는 문제집을 1권씩 사오게 해서 매일 풀게 하고 있어요. 사실 옛날에는 이 방법이 잘 먹혔는데, 요즘에는 학원에 다니는 아이들이 많아서 학원에 다니지 않는 아이들만 그렇게 하고 있어요. 그리고 가끔 학교에서 숙제 내주는 것을 싫어하는 학부모님이 계셔서 굉장히 조심스러워요."

맞다. 나도 몇 년 전까지 학기 초에 국·수·사·과 문제집을 사오게 해서 매일 1장씩 풀게 하고 단원평가 보는 날에 가지고 와서 검사를 맡게 한 적이 있었다. 그런데 요즘 아이들은 학원에 다니는 아이들이 많아 숙제를 내주는 게 여간 눈치 보이는 게 아니다. 그래서 수학 문제집 1장 풀기는 자율 숙제로 하고 있다.

대부분의 선생님들이 공통적으로 사용하는 교육방법이 있었다. 교사의 개념 설명 후 수학 익힘을 풀 때 5분 만에 푸는 아이도 있고, 20분을 다 주어도 못 푸는 아이가 있다. 25명의 아이를 교사 1명이 지도하는 것이 무리가 되어서 시도한 방법이 '친구 선생님' 제도다. 수학 익힘을 풀고, 뒤에 있는 답안지를 보고 채점까지 끝낸 아이는 담임 선생님에게 검사를 받은 후 뒤에 나가 서 있는다. 그러면 수학 익힘을 혼자 해결하기 어려운 아이가 손을 들어 도움을 요청할 경우 뒤에서 기다리고 있는 친구 선생님을 선택할 수 있다. 친절하게 잘 설명해주는 선생님이 자주 선택을 받는다.

친구 선생님 선택권은 학습이 느린 학생에게 있다. 친구 선생님은 자신이 정확히 이해한 내용을 친구에게 말로 설명하며 한 번 더 복습할 수 있고, 수학이 느린 아이는 친구의 설명이 내가 사용하는 언어와 가깝기 때문에 이해가 더 잘 된다. 이런 교육 방식으로 운영하면 40분 안에 오늘 도달해야 할 학습목표인 수학 개념과 익히기를 25명 전원이 해결할 수 있다. 서로 도움을 주고받으니 협동을 경험하는 인성교육의 장이 되기도 한다. 그러나 그럼에도 불구하고 제시간에 해내지 못하는 아이가 3~4명 있다. 기초가 너무 부족하기 때문이다.

그 아이들을 구하기 위해 찾은 방법이 교사가 수학 익힘을 같이 풀어주는 것이다. 기초가 많이 부족하기 때문에 '친구 선생님' 제도만으로는 해결되지 않는다. 예를 들어 5학년에 나오는 소수의 곱셈은 두 자릿수의 곱셈을 못 하면 절대 풀지 못한다. 수학 익힘까지 전체 아이들과 하나하나 같이 풀어주며 기초를 다진다. 그 대신 수업 끝나기 5분 전에 학습 목표와 관련된 2문제를 칠판에 내주고 공책에 풀게 한다. 수학 익힘에 나왔던 수준 2문제 정도면 수학을 포기하던 아이도 도전할 수 있다. 한눈에 들어오기 때문에 교사가 검사하기도 편하다. 만약에 틀리면 정답을 알려주지 않고 친구에게 물어보기 찬스를 허용한다. 수업 끝나기 전에 2문제를 해결해야 하기 때문에 나름의 목표의식이 생겨 수업에 더 집중하게 만드는 것 같다. 빨리 통과해야 쉬는 시간도 즐길 수 있으니까 말이다.

반 구성원 아이들의 수준에 따라 단원마다 효과적인 방법은 다르다. 나의 경우에는 계산문제가 쉬운 수학 익힘은 '친구 선생님' 제도가 더 효과적이었고, 계산이 어려운 경우에는 수학 익힘을 내가 아이들과 같이 풀어주고, 비슷한 문제를 2문제 정도 별도로 제시해서 도전하게 하는 게 아이들 성취감 면에서 효과적이었다. 중요한 것은 교사는 그 반에서 수학을 가장 못하는 아이를 기준으로 수학을 이해시키려고 노력해야 한다는 점이다. 수학 실력이 가장 낮은 아이를 대상으로 친절하게 설명하는 자세를 가져야 수학을 포기하는 아이가 생기지 않는다. 잘하는 아이는 어차피 교사의 도움 없이도 잘한다.

05.
'우리 아이를 언제까지 케어해야 할까요?'
부모의 질문에 답하다

　나는 가끔 교도소의 교도관 같다는 생각이 든다. 우리 집 아이들은 내가 없으면 항상 호시탐탐 스마트폰 게임, 컴퓨터 게임을 하려고 하고, 가끔씩 회식이라도 있는 날이면 아이들은 쾌재를 부른다. 교도관의 외출은 죄수들의 자유를 의미한다. 내가 어쩌다 이렇게 집에 매이게 되었을까? 출산 휴가, 휴직, 사직, 경단녀(경력 단절 여성)는 여성들에게 출산과 동시에 붙게 되는 단어들이다. 전업주부를 선택한 엄마들은 나보다 더 아이들에게 올인할 것이다.

　어떤 스님은 아이 생후 3년이 아이에게 중요하니 꼭 아이에게 붙어 있으라고 말씀하신다. 아이를 낳으면 엄마는 사회생활을 접으라는 말처럼 들리기도 하고, 일하는 여성은 이 말 때문에 죄책감을 느끼기도 한다. 나는 안타깝게도 아이 둘을 키우며 출산 휴가 3개월만 쓰고 직장에

복귀했다. 육아 휴직을 한 번도 쓰지 않았다. 빠듯한 신혼살림에 경제적인 이유도 있었지만, 더 큰 것은 아이 둘과 24시간 함께하는 시간이 너무 힘들었기 때문이다. 특히 둘째는 한시도 나와 떨어지려 하지 않아 더 힘들었다. 도망치듯 학교에 나왔다는 표현이 맞을 것이다. 아이 둘을 어린이집에 맡겨두고, 학교에서 일하는 동안 잠시라도 숨을 쉴 수 있었다.

아이들이 가장 엄마를 필요로 하는 3년이라는 시간을 아이들과 온전히 함께하지 못한 것에 대한 미안함은 있지만 다시 돌아가도 똑같은 선택을 할 것 같다. 나와 달리 아이와 함께한 시간이 너무 좋아서 학교 나오는 게 싫다는 교사들도 꽤 많이 보았다. 그러니 이 부분은 아이 상황과 사람에 따라서 다르다고 할 수 있다.

아이들과 어린 시절을 24시간 함께하지 않은 것에 대한 미안함을 좀 덜기 위해 나는 내가 다니는 학교에 두 아이를 모두 데리고 다녔다. 마침 발령 나는 학교가 모두 집 근처여서 선택의 여지가 없었다. 두 아이를 엄마가 다니는 학교에 데리고 다니면서 엄마가 미처 다 주지 못한 정서적 안정감을 주기 위해 노력했다. 같은 건물 안에 엄마가 있다는 것만으로도 아이가 안정감을 가졌으면 했다. 그러나 직장에 자신의 아이가 있다는 것은 생각보다 힘들었다. 동료교사가 아이 선생님이 되면 괜히 어려워져서 일부러 멀리하기도 했다. 그 선생님도 내가 동료교사이면서 학부형이니 아마 어려웠을 것이다. 가끔 젊은 엄마들이 묻는다.

"언제까지 제가 아이를 돌보는 일에 매여 있어야 할까요? 제가 육아와 교육 때문에 집에 있으니 아이들 교육이 온통 제 책임인 것 같고, 아이가 공부를 좀 못하면 남편과 시댁 눈치가 보이기도 해요."

그 심정 모르는 바가 아니다. 나도 똑같은 질문을 선배교사들에게 했었으니까. 선생님들은 대부분 아이가 초등학교 2학년쯤 되면 엄마도 다시 엄마 일을 할 수 있다고 했는데, 나의 경우엔 아들만 둘이어서 그런지 둘째 아이가 초등학교 5학년이 되니 어느 정도 한시름 놓고 아이 곁을 떠날 수 있었다. 직장도 아이가 초등학교 5학년이 되면서부터는 아이와 떨어져 인근의 다른 학교로 옮겼다. 딸은 발달 단계가 아들보다 빠르니 엄마가 좀 더 일찍 아이와 떨어질 수 있을지도 모르겠다. 아이가 같은 학교에 없으니 혹 하나 떨어진 것처럼 얼마나 시원하던지 아이도 엄마의 그늘에서 벗어나 자유를 느꼈을지 모른다.

엄마가 아이 육아와 교육 때문에 잠시 일을 그만두었다면 보통 여자아이는 초등학교 4학년 때, 남자아이는 초등학교 5학년 때부터 가능해 보인다. 아이의 성향에 따라 다르겠지만 말이다. 사실 아이가 초등학교를 졸업하고 나면 엄마 손 갈 일이 별로 없다. 엄마가 일하면서도 충분히 케어가 가능하다. 미국의 한 교육자는 부모가 아이에게 영향력을 미칠 수 있는 시간은 고작 13년뿐이라고 했다. 그 이후에 아이는 독립된 개체로서 시행착오를 거치며 아이만의 인생을 살아간다. 아이가 어릴 때는 집에 있는 엄마를 좋아하지만, 자라면서 집에 하루 종일 있으면서 잔소리하는 엄마는 부담스러워진다. 그 시기가 드디어 엄마의 인생을 살 수 있는 찬스다. 취미활동도 좋고, 배움도 좋고, 아르바이트도 좋고, 다시 직장에 나가도 좋고, 엄마도 바깥바람을 쐬어야 한다. 하루 종일 집에 있으면서 아이만 바라보면 아이와 엄마 둘 다 피곤해진다. 아이에게 매여 있던 13년, 엄마도 집에서 벗어날 자격이 있다.

06.
진로교육의 6가지 단추를 공개합니다

요즘 아이들 진로교육이 강조되고 있는데, 학교에서는 진로 검사지를 이용해 검사해주는 것에서 끝나고 있다. 교사가 아이들이 자신에게 맞는 진로를 찾아가도록 도와주고 싶은데 어떻게 하면 좋을까?

진로 선택의 첫 단추: 직업을 통해 실현하고픈 가치를 찾아라

열심히 공부만 하면 미래의 행복이 보장되는 것일까? 물론 그렇다고 말할 수는 없다. 공부의 성과를 자신의 직업 인생과 잘 연결시켜야한다. 이를 위해서는 어떤 직업이 자신에게 좋은 것인가부터 검토해봐야 할 것이다. 서울대 교육학과 김계현 교수의 《진로와 적성, 어떻게 알수 있나?》에 의하면 어떤 직업이 좋은 직업인가에 대해서는 사람마다생각이 조금씩 다르다고 한다. 사람들의 직업에 대한 평가를 '직업 가

치관'이라고 부른다. 대표적인 몇 가지를 꼽아본다면 돈 잘 버는 직업, 존경받는 직업, 본인이 원하는 일을 할 수 있는 직업, 본인의 재능을 잘 발휘할 수 있는 직업, 안정성이 보장되는 직업, 권력을 누릴 수 있는 직업, 남을 위해 봉사할 수 있는 직업 등이다. 이 가운데 어떤 직업을 선호하는가는 각자의 직업 가치관에 따라 천차만별일 수 있다. 앞으로 아이들의 미래에는 어떤 직업이 인기 있을지 확언할 수 없다. 그래서 직업을 선택할 때 고려해야 하는 첫 번째 기준은 본인의 직업 가치관이다.

진로교육의 두 번째 단추: 자기 이해

나는 어쩌다 교사가 되었나? 어린 시절에 나는《제인 에어》《키다리 아저씨》《소공녀》《집 없는 소녀》《빨강머리 앤》을 좋아하는 소녀였다. 그 작품들을 읽으면서 나는 자라서 막연하게 학교에서 일하는 직업을 가졌으면 했다. 그러다 텔레비전에 나오는 예쁜 아나운서 언니를 보고는 아나운서를 꿈꾸기도 했다. 어렸을 때 엄마와 함께 밭일을 하면서 쉴 새 없이 지저귀는 나를 보고 엄마는 자라서 변호사를 할 거냐고 하셨다. 고등학교에 가서는 동시통역사가 멋있어 보여 막연하게 영어를 전공해야겠다고 생각하기도 했다. 그러던 내가 초등학교 교사가 된 것은 고3 수학 선생님의 진로지도 덕분이었다. 담임 선생님은 아니셨지만 교육에 열정이 있으셨던 고3 수학 선생님께 진로상담을 신청했는데 담임 반 아이도 아닌 내게 흔쾌히 시간을 내주셨다.

"건예야, 너 원서 어디 쓸 거니?"

나는 자신 없는 목소리로 대답했다.

"이화여대 영문과요." 우리 반에서 1등하는 친구가 고대 영문과를 쓴다고 해서 나는 한 단계 낮추어서 말했던 것이다. 사실 그 당시에 내가 알고 있는 대학교는 서울대, 연세대, 고려대, 이화여대, 충남대 정도가 전부였다.

"아버님은 자동차 어떤 종류를 타시니?"

아주 현실적인 질문이 돌아왔다.

"저희 아빠요? 자동차 없는데요. 경운기와 오토바이밖에 없어요." 목소리가 모기처럼 기어들어갔다.

"그럼 서울교대에 원서를 쓰는 게 어떻겠니?"

이렇게 해서 나는 서울교대에 관심을 갖게 되었고, 서울교대가 등록금이 매우 저렴하다는 사실도 알게 되었다. 친구 언니도 다니고 있었는데 기숙사도 있다는 말을 들었다. 숙식문제까지 해결되는 것이다. 게다가 고1 때 수학 선생님께서 내가 칠판 앞에 나가 문제를 풀고 설명하는 것을 보더니 목소리가 카랑카랑해서 교사를 하면 좋겠다고 했던 것도 생각났다. 그 당시에 나와 같이 자취하고 있던 언니는 세무 대학은 등록금도 공짜고, 졸업하면 바로 세무 공무원이 될 수 있다고 세무 대학을 권했었다. 하지만 내가 존경하는 수학 선생님께서 알려준 진로는 우리 집 형편과 내 적성에도 맞는 직업이었다. 숫자만 보면 어지러워하는 내가 등록금이 공짜라는 이유만으로 세무 대학에 갔으면 어찌 됐을지 생각만 해도 아찔하다. 아무리 좋은 평양감사도 자기가 싫으면 그만이라는 속담이 있지 않은가. 자기가 어떤 사람인지, 무엇을 좋아하고, 어떤 분야에 재능이 있는지 자기 이해가 먼저다.

진로교육의 세 번째 단추: 아이들의 재능을 발견하고 인정해주기

사람이란 모름지기 적성에 맞는 직업을 택해야 한다는 얘기를 무수히 들어왔다. 그럼 적성은 어떻게 판별되는가? 우리나라 중등 교육과정은 중간에 한 번씩 대략적으로나마 적성을 판별할 수 있는 경로를 설계해두고 있다. 일단 아이들은 적성에 따라 공부와 예체능으로 갈린다. 예체능 분야는 상당히 일찍 즉, 아동기에 결정되는 경우가 많다. 늦어도 청소년 초기까지는 결정되어야 그 분야의 기초 기능을 연마할 수 있다.

아이가 공부에 재능이 있다면 공부를 선택하는 것이 일반적이다. 하지만 공부에 재능이 없어 보이거나 공부를 그럭저럭하지만 다른 데 더 재능이 있어 보인다면 그때 선택할 수 있는 것이 예체능 분야다. 통상 음악적 재능은 취학 전, 아이가 아주 어릴 때 판별된다. 체능의 경우도 초등학교, 아무리 늦어도 중학교에서는 가능성을 보이게 된다. 그래서 전문적인 운동선수가 되는 사람은 대개 초등학교 고학년이나 중학생 때 운동을 시작한다. 하지만 이처럼 예체능 쪽으로 일찌감치 방향을 잡는 아이는 상대적으로 소수다. 대부분의 경우 공부 쪽을 선택하게 된다.

그러니 아이가 초등학교 때 이것저것 경험해보게 해서 어떤 분야에 재능이 있는지, 무엇을 할 때 행복해하는지 관찰하여 재능을 발견하고, 발견된 재능을 지지해주고 격려해줘야 한다. 입시 공부를 위해 학교와 사교육으로 뺑뺑 돌리는 것으로는 아이의 적성과 재능을 찾기 어렵다. 아이가 5학년쯤 되면 학교에서는 진로교육 차원에서 적성검사나 성격검사 등을 해준다. 그 검사 결과를 주의 깊게 살펴보자. 학교 교사가 객관적인 시선으로 살펴본 아이의 재능을 통지표에 구체적으로 기술해준

다면 아이의 재능이 무엇인지 찾지 못해 안타까워하는 부모와 아이에게 큰 도움이 될 것이다.

진로교육의 네 번째 단추: 아이들에게 쉴 틈 주기

요즘 아이들은 쉴 틈이 없다. 놀고 싶어도 동네에 같이 놀 친구도 없다. 학원에 가야 친구들을 만날 수 있고 집에서의 유일한 친구는 스마트폰뿐이다. 어두컴컴할 때까지 동네 친구들과 숨바꼭질을 하며 놀았던 부모의 어린 시절에 비하면 참 불쌍하다. 교육은 정답이 없기에 사교육은 부모의 불안 심리를 이용해 교묘히 파고든다. 명문대를 가려면 특목고를 가야 유리하고, 영어는 중학교 때 수능 영어를 마치고, 수학은 고1까지 선행을 끝내야 유리하다고 말한다. 다른 아이들은 다 한다는데 우리 아이만 뒤처질까 불안한 부모는 덥석 미끼를 물게 된다. 그런데 사교육에서는 명문대 너머의 이야기는 하지 않는다. 명문대 너머의 이야기는 아예 관심조차 없어 보인다.

그러나 생각해볼 일이다. 초등학교 때부터 특목고를 향해 선행학습을 위한 사교육을 받아야 할까? 초등학교 때 필요한 사교육은 선행학습이 아니라 피아노, 축구, 수영, 태권도 등 예체능과 관련된 교육이어야 한다. 초등학교 때부터 아이가 수학, 영어 숙제에 찌들어서 쉴 틈, 놀 틈이 없으면 안 된다. 그런 아이는 자신의 적성과 재능도 찾지 못한 채 대학교에 진학하게 될 것이다.

우리 첫째 아이의 재능과 적성을 알게 된 것은 중1 자유학기제를 통해서였다. 초등학교 때 나는 우리 첫째 아이가 이과형 두뇌를 가졌다고

만 생각했지 구체적인 재능과 적성은 찾지 못하고 있었다. 중학교 1학년 때 수학은 인강으로 듣고 영어 학원에만 다녔는데, 시간이 나자 파워포인트를 이용해 스스로 게임을 만들고 게임 스토리를 쓰며 놀았다. 컴퓨터로 게임을 하는 것이 아니라 게임을 만들면서 즐거워했다. 아이는 컴퓨터로 프로그램을 짜고 작업하는 것이 너무 재미있고 즐겁다고 했다. 아이의 진로가 정해지는 순간이었다.

둘째 아이는 쉬는 시간에 애니메이션을 보고, 피규어를 사서 모으고, 직접 배경을 손으로 만들며 논다. 그 피규어를 사기 위해 집안일을 열심히 하며 용돈을 모으는데 경제관념이 남달라 보인다. 좀 더 지켜봐야겠지만 경제나 금융관련 업종이 어울릴 것 같다. 이렇듯 아이에게 쉴 틈, 놀 틈을 주고 부모와 교사는 아이가 쉬는 시간에 무엇을 하고 노는지 유심히 관찰할 필요가 있다. 그곳에서 아이의 진로가 보인다. 내 아이는 시간이 주어지면 무엇을 하고 노는가? 주의 깊게 관찰해보자.

진로교육의 다섯 번째 단추: 진정한 성공에 대해 알려주고 좋은 어른이 되기

아이들 대부분은 돈을 많이 버는 직업을 원한다. 매스컴의 영향으로 돈이면 다 된다는 물질 만능주의에 사로잡혀 있다. 운동선수, 연예인 같은 화려한 직업을 선호한다. 그러나 스포트라이트가 꺼졌을 때의 어둠은 잘 보지 못한다. 화려한 박수갈채 뒤에 찾아오는 공허함과 쓸쓸함 때문에 약물에 중독되는 연예인이 많다는 사실을 알지 못한다.

인생을 어느 정도 살아본 우리 부모들은 돈이 전부가 아님을 안다.

어느 정도의 돈은 필요하지만 돈이 더 많다고 행복이 더 늘어나지 않는다는 사실도 안다. 돈이 아무리 많아도 함께 기뻐해줄 가족이나 가까운 사람이 없다면《크리스마스 캐롤》의 스크루지 영감처럼 외로워질 것이다. 돈은 생존을 위해서 중요하지만 돈이 전부가 아님을 알려줘야 한다.

마이크로소프트 사의 빌게이츠, 페이스북의 창업자 마크 저커버그를 존경하는 것은 그 사람이 가진 돈 때문이 아니다. 그 사람들의 자기 일에 대한 열정과 나눔의 정신이 대상이다. 자신이 사회에서 받은 마음을 다시 사회에 환원시키는 마음을 존경하는 것이다. 아이들에게 진정한 성공에 대해 알려주자. 누군가는 성공을 '성장하며 공유하는 것'이라고 정의하기도 했다. 초등학교에서 학기 초에 자신이 닮고 싶은 인물을 조사하고 발표하게 하는 것은 그래서 의미가 있다.

이와 더불어 아이들을 위한 가장 중요한 진로지도는 우리가 진짜 멋있는 어른이 되는 거다. 내 고3 시절 수학 선생님처럼 자신의 일에 열정을 가지고 자신이 가진 재능을 아낌없이 나누어주는 거다. 그 당시는 진학상담을 받으려면 돈 봉투를 갖다 바쳐야 하는 시절이었는데, 선생님은 전혀 그런 분이 아니셨다. 'You can do it!'을 외치며 격려하고 지지해주셨다. 나도 그런 선생님을 본받고 싶다. 각자의 직업에서 자신의 사리사욕에 눈멀지 않고, 기본 원칙을 지키며 자신의 일에 열정적이고, 나눔의 정신을 실천하는 좋은 어른들이 많아졌으면 좋겠다. 아이들이 본받고 싶은 어른들이 많아졌으면 좋겠다. 진로지도는 다른 데 있지 않다. 부모부터 교사부터 진짜 멋진 어른이 되는 것이다.

진로교육의 여섯 번째 단추: 진로교육은 결국 삶의 교육으로 통한다

부모와 교사는 사회 경험이 부족한 아이에게 아이의 적성과 재능을 고려하여 이런 직업도 있다는 것을 안내해줄 뿐 선택은 늘 아이 몫이어야 한다. 그 선택마저 부모가 관여해서 "의사가 되거라. 판사가 되거라. 공무원이 되거라"라고 하면 안 된다. 아이 스스로 자신의 운전대를 잡고 실수와 실패, 시행착오를 겪으며 앞으로 나아가야 한다. 다들 알고 있는 내용이다. 그러나 어려서부터 철저한 경쟁 속에서 자라는 대한민국 아이들은 언제나 경쟁심리, 불안감이 마음속 깊이 새겨져 있고 이런 심리 때문에 청소년 자살률이 1위다. 우수한 영재들이 모인 카이스트 같은 대학에서 2011년 4명의 학생들이 자살했다. 항상 1등만을 한다고 좋은 것은 아니다. 오히려 정신건강에 안 좋다. 극도의 불안감에 시달릴 수 있기 때문이다.

가다가 멈추었다고 세상이 끝난 게 아님을 알게 해야 한다. "멘탈이 중요하다. 회복 탄력성이 중요하다. 자존감이 중요하다"는 말은 결국 하나로 통한다. 아이가 인생을 살다가 넘어지고 쓰러져도 툭툭 털고 일어나는 것, 하나의 문이 닫히면 다른 하나의 문이 열린다는 사실을 알게 해야 한다. 인생지사 길게 보면 새옹지마다. 진로교육은 결국 '삶'에 대한 교육이어야 한다.

07.
교사이면서 엄마는 축복입니다

품 안의 자식이라고 아이가 초등학교 5학년만 되어도 부모 뜻대로 아이를 좌지우지할 수 없게 된다. 아이가 초등학교를 졸업하고 중학생이 되면 이젠 아이를 서서히 놓아주고 스스로 책임지게 해야 한다. 두 아이를 어느 정도 키워놓으니 이제야 엄마는 축복이었음을 깨닫는다.

엄마가 된다는 것은 축복이지만 아이가 어릴 때는 희생이 따른다. 엄마의 희생 없이 아이는 온전히 성장할 수 없다. 결혼한 여자에게 임신, 출산, 육아는 인생의 커다란 숙제와도 같다. 요즘 젊은 세대는 결혼과 출산도 선택처럼 받아들이지만 말이다. 임신, 출산, 육아가 자신의 사회적 성장에 방해물 또는 걸림돌처럼 느껴지는 것은 사실이다. 10년 이상을 '육아'라는 이름으로 꼼짝없이 가정에 갇혀 지내야 한다. 나 역시 마찬가지였다. 아이가 눈에 아른거려 방학 동안 큰맘 먹고 나간 오프라인 연수에서 우연히 만난 대학교 남자 동기들은 초등학교에서 자신의 실력을 키워가고 있었지만 나는 아줌마가 되어 있었을 뿐이다.

여자들은 밤낮을 가리지 않고 울어대는 아이 때문에 출산과 동시에 직장을 그만두기도 하고, 아이가 초등학교에 들어가면서 집에 혼자 있을 아이 때문에 직장을 그만두기도 한다. 이렇게 전업주부가 된 엄마들은 집안일과 육아로 헝클어진 머리로 이리 뛰고 저리 뛰다가 잘 차려입고 출근하는 골드 미스나 직장여성을 보면 부러운 마음이 들며 초라해지기도 한다. 하지만 나는 집안일과 육아가 얼마나 중요한 일인지를 알고 있다. 집안일은 해도 해도 끝이 없고 표도 안 나지만 집안일을 멈추면 집은 쓰레기장이 되고 사람 사는 곳이 못 된다는 것도 알고 있다. 육아는 어떠한가? 집에서 엄마가 아이들을 챙기기 때문에 아빠들은 안심하고 사회생활을 하고, 아이들은 정서적으로 안정감을 느낀다. 이런 큰일을 하는 가정주부에게도 나라에서 월급을 주었으면 좋겠다는 생각까지 든다. 그러면 가정주부도 남편 눈치 보지 않고 자부심을 가지고 일할수 있을 텐데.

서울 시내 초등학교 교사 중 약 80%에 달하는 여교사가 육아와 집안일에 발목을 잡혀 있는 동안 20%의 남교사가 승진을 위해 달려가고, 전문적으로 공부할 수 있는 이유이기도 하다. 여교사는 결혼과 동시에 10여 년을 육아에 정진해야 한다. 그 후 다시 10여 년을 아이가 공부할 수 있도록 안내해주고 조력해주어야 한다. 이런 여성으로서의 악조건 속에서도 관리직으로 진출한 여교사들을 보면 존경스럽다. 그런 여교사들 뒤에는 육아와 가사를 돌봐준 든든한 친정어머니나 시어머니, 또는 부부교사 남편 같은 든든한 카드가 숨겨져 있기도 하다.

내 아이를 돌봐가며 학교에서 교사생활까지 하기는 엄청나게 힘들었지만 지금은 큰 자산이라는 생각이 든다. 엄마도 깨지고 부딪치면서 성장했기 때문일 것이다. 한때는 결혼하지 않고 대학원에 진학해 자신의 분야에서 전문적인 커리어를 쌓은 여교사들이 부러웠다. 나만 뒤처지고 도태되는 것 같은 생각이 들었기 때문이다. 그러나 이제는 아이와 함께한 그 경험들이 나에게 큰 자산이라는 생각이 든다. 교육 분야에서 일하는 사람으로서 아이들에 대한 이해, 부모 마음에 대한 이해는 내가 직접 겪어보았기에 돈 주고도 사지 못한 귀한 경험이 되었다. 그래서 '엄마'라는 직함이 사회적 성공의 걸림돌이 아니라 '스펙'이라고 말하고 싶다.

초등학교 교사들은 아이를 초등학교에 입학시키면 엄마들 반 모임에 나가야 할지 고민에 빠진다. 자신이 교사라는 사실을 아이의 반 친구 엄마들에게 알려도 될지 확신이 서지 않기 때문이다. 나는 아이가 어릴 때 아이의 친구를 만들어주기 위해 엄마들 모임에 기를 쓰고 나갈 필요는 없다고 생각한다. 엄마들 앞에서 직업이 '교사'라고 말하면 은근히 거리감을 둔다. 엄마들끼리 학교나 교사에 대해 안 좋은 이야기를 할 때 교사 엄마가 같이 있으면 불편하기 때문이다. 그래서 어떤 교사는 그냥 회사에 다닌다고 얼버무리기도 한다. 또 엄마들 모임에서 나누는 학원, 교육 정보도 주관적이다. 아이마다 학습 수준과 성향이 다른데 옆집 아이가 다니는 학원에 같이 갈 필요는 없다. 또한 정말 좋은 정보는 오픈하지 않고 끼리끼리 마음 맞는 사람들만 공유한다. 그러니 내 아이에 맞는 학원이나 교육정보는 내가 발로 뛰어 찾아나서야 한다. 내 아이에 맞는 교육정보는 따로 있다.

나는 13년 동안 내가 가르치는 아이들이 있는 학구에 살고 있었고, 두 아이를 모두 내가 다니는 학교에 데리고 다녔다. 아이 친구 엄마들은 모두 학부모였기 때문에 서로가 어려웠다. 그렇다 보니 저학년 때 우리 아이들은 친구 사귀기도 힘들었다. 아이들이 내성적이어서 먼저 다가가는 성격도 아니었다. 마치 군중 속에 있지만 마을에서 떨어진 외딴 섬처럼 느껴졌다. 학구에 살고 있는 대부분의 교사가 그렇게 느낀다. 서로 다가가고 싶지만 다가갈 수 없는 그런 애매한 사이 말이다. 그래서 대부분의 교사는 학구에서 한 블록 떨어진 학교를 선호한다.

성격 좋고 쾌활한 나도 되도록 집 밖에 나가지 않았고, 특히 장보기는 남편의 업무가 되어버렸다. 장보러 나가면 아는 사람들이 너무 많아서 이런저런 수다를 떨다 보면 한두 시간이 훌쩍 지나갔다. 급하게 살게 있어 동네 슈퍼에 후다닥 갔다 오고 싶어도 누군가를 꼭 만나기 때문에 모자와 선글라스는 나의 필수품이었다. 저학년 때는 집으로 친구를 데려오는 게 불편해서 친구가 많지 않은 우리 첫째 아들이 살짝 걱정되었으나 아이는 오히려 자기만의 시간을 즐길 줄 아는 속 깊은 아이가 되어 있었다. 또 아이가 고학년이 되면 아이는 엄마가 만들어준 친구가 아니라 자신의 성격과 성향에 맞는 친구와 친하게 된다는 것도 알게 되었다. 부모가 친하다고 자식들도 친구가 되는 것은 아니었다.

교사 맘의 또 다른 스트레스는 아이가 공부를 못하거나 사교육을 받으면 '엄마가 교사인데…' 하는 눈초리에 시달린다는 것이다. 그래서 나는 내 직장에 아이 둘을 데리고 다니면서 아이들에게 더욱 공부를 강요했던 것 같다. 직장에서 파김치가 되어 돌아온 나는 아이에게 정서적으로 공감해줄 여유가 없었고, 문제집 풀기를 강요하며 채찍질했다. 아이에게 중요한 것이 무엇인지 알지 못했던 무식한 시절이었다. 지금 다시 아이를 키운다면 그렇게 하지 않을 것이다. 그나마 다행인 것은 방학 때 아이들 삼시 세끼 밥을 챙겨줄 수 있다는 점이다. 일반 회사에 다니는 직장 맘들은 방학 때 아이들 식사 문제 때문에 고민이 많다. 인근 음식점에 말해두기도 하고, 아이들끼리 편의점 음식으로 적당히 해결하기도 한다. 또는 아이를 할머니, 할아버지가 계신 시골로 보내기도 한다.

지금도 그렇지만 '엄마'라는 직업은 좌충우돌 시행착오의 연속이다. 모든 게 처음이라 힘들고 서툴렀다. 어디 물어볼 곳이 없어서 인터넷을 보면서, 텔레비전의 부모 교육 프로그램을 보면서, 책을 보면서 아이를 키웠다. 주입식 입시교육의 후유증으로 대학 입학 후 놓았던 책을 아이 키우면서 필요에 의해 다시 읽기 시작했다. 아이 양육서와 교육서가 대부분이었다. 이리저리 흔들리기도 했지만 아이들이 정신적, 신체적으로 건강하게 잘 자라주어 다행이라는 생각이 든다. 아이들 양육과 교육 때문에 읽은 책들은 내가 교사생활을 하는 데도 자양분이 되었다. 그때 읽었던 부모교육, 아이들의 심리, 독서 방법, 학습 코칭 책들을 통해 많은 도움을 받았다. 심지어는 엄마표 영어가 좋다고 해서 5년 동안 꾸준히 영어 공부한 것이 아이들보다는 내게 더 큰 도움이 되기도 했다. 지금도 우리 집 아이들이 책을 읽을 때면 이런저런 책들을 눈길 가는 대로 손길 가는 대로 읽고 있다. 먼 길을 돌아와서 보니 교사이면서 엄마인 것은 축복이었다. 교사 맘으로서 시행착오를 겪으며 두 아이들을 건강하게 키워낼 수 있었고, 아이들에 대한 이해, 아이들의 발달 과정, 학부모 마음에 대한 이해, 교육에 대한 정보 등 많은 것을 알고 깨닫게 되어 나를 성장시키는 밑거름이 되었기 때문이다.

08

교사의 진로
: 평교사, 관리자, 그리고 수석교사

김성효 선생님이 쓴 《행복한 진로교육 멘토링》이라는 책에 "꿈의 씨앗을 뿌리고 싶다면 교사부터 꿈을 꾸라"는 말이 있다. 망치로 머리를 한 대 얻어맞은 기분이었다. 교사의 꿈을 이룬 나에게 꿈을 꾸라니? 나의 꿈은 뭐지? 나의 꿈은 교사가 되는 것이 아니었나? 그럼 교사가 되는 꿈이 나의 전부였는가? 꿈을 이룬 나는 지금 행복한가? 꿈을 이룬 나는 성공했다고 할 수 있는가? 그 모든 질문에 딱 꼬집어 말할 수 없었다. 성공과 행복은 같은 의미인가? 다른 의미인가? 내가 생각하기에는 성공과 행복은 다른 것 같다. 성공이 주로 밖에서 보이는 성취에 초점이 맞추어져 있다면, 행복은 그 사람의 내면의 상태와 더 관련이 많아 보인다. 그렇다면 성공한 인생은 모두 행복할까? 반대로 행복한 인생은 모두 성공한 인생일까?

사람마다 성공과 행복에 대한 정의가 조금씩 다를 것이다. 일반적으로 성공한 인생은 어떤 삶인가? 성공한 삶이란 세상 사람들이 추구하는 부와 지위, 명예가 있는 삶이다. 대부분의 아이들이 꿈이 무엇이냐고 물으면 부자가 되는 것이라고 말한다. 그러나 우리는 살아가면서 부와 지위와 명예가 한순간의 신기루에 지나지 않는다는 사실을 알게 된다. 지금 인기 있는 아이돌 가수나 연예인도 물거품 같은 인기가 사라지고 나면 우울증으로 약에 손을 대고, 떵떵거리며 세상 무서울 것 없이 잘 나가던 사람들도 정권이 바뀌면 쇠고랑을 차기도 한다. 나를 치장하고 있던 직함이 내 곁에서 사라지고 나면 주변 사람도 남지 않는다. 그 허망함은 이루 말할 수 없다.

주변에서 교장이 되어 정년퇴직을 앞두고 레임덕 현상이 생기는 것도 보았고, 정년 퇴임식 때의 쓸쓸한 뒷모습도 보았다. 교장이 되고 나서 외로운 섬에 갇힌 듯한 생각이 들어 중간에 명예퇴직한 교장도 보았다. 이것을 위해 모진 세월을 참고 견뎌내며 살아온 것을 후회하며 돌아섰다. 결론적으로 부와 지위와 명예가 삶을 좀 더 편리하고 윤택하게 해줄 수는 있어도 필연적으로 행복을 가져다주지는 않는다. 어쩌면 부와 지위와 명예를 얻기 위해 남보다 치열하게 살아야 하기 때문에 일상의 소소한 행복을 포기해야 할지도 모른다. 그렇게 부와 지위와 명예를 얻었어도 함께 나눌 사람마저 곁에 없다면 더 외롭고 쓸쓸할 것이다.

적어도 나는 그렇다. 따라서 성공보다는 행복한 삶에 좀 더 초점을 맞추어 살고 싶다. 내가 생각하는 행복은 내면의 평화와 관련이 깊다. 두려움과 불안감에서 벗어나 내가 가지고 있는 재능을 최고로 발휘하여 이 세상에 좋은 씨앗을 뿌리고 싶다. 좋은 씨앗을 계속 뿌릴 수 있는 지속 가능한 삶이면 더욱 좋겠다. 일상의 소소한 행복을 가족과 친구와 이웃과 함께 나누는 평화로운 삶이다. 임마누엘 칸트는 "인간이 행복해지기 위해서는 첫째, 일을 해야 하고, 둘째, 누군가를 사랑해야 하고, 셋째, 희망을 가져야 한다"고 말했다.

먼저 자신이 생각하는 성공과 행복에 대해 고민해볼 필요가 있다. 성공과 행복에 대한 생각이 정리되자 나의 꿈도 어렴풋이 보였다. 어릴 적 꿈은 교사였고, 그 꿈은 이미 이루었다. 꿈 너머의 또 다른 꿈은 시인 나태주 선생님이 말했듯이 "내가 이 세상에 왔다 가는 것으로 이 세상이 나로 인해 한 귀퉁이라도 조금 밝아지는 것"이다. 이 세상에 태어나 내가 얻은 것들에 대한 감사한 마음에 대한 보답으로 내가 나누어줄 수 있는 것을 세상에 내놓는 것이다. 내가 갖고 있는 경험과 지혜를 우리 반 아이들에게, 우리 두 아들에게 나누어주는 것이다.

나는 안정적인 직업을 원해서 교사를 꿈꾸었고, 지금은 교사가 되었다. 이제는 어떤 교사가 되고 싶은지에 대한 고민이 필요하다. 그 고민은 각자 자신이 생각하는 행복의 정의에 맞닿아 있다. 교사에게는 선택할 수 있는 3개의 진로가 있다.

교육의 최전선에서 일하는 평교사가 되는 길

초등학교의 대다수가 평교사다. 교감과 교장, 수석교사를 제외한 모든 교사가 평교사다. 평교사는 아이들 교육의 최전선에 있다. 아이들과 지지고 볶는 당사자들이다. 50대에 명예퇴직을 한다면 30년을, 60대에 한다면 40년을 아이들과 함께해야 한다. 어린아이들과 함께 생활하는 것은 장점도 있고 단점도 있다. 파릇파릇한 새싹들과 함께 생활하니 나이 먹는 줄도 모르고 젊게 사는 장점이 있는 반면에, 나이 먹을수록 체력과 세대차이를 극복해야 한다는 단점도 있다. 50대에 명예퇴직을 하는 선생님도, 60대에 정년퇴직을 하는 선생님도 지켜보았는데 최장 50년이나 세대차이가 나는 아이들과 함께하려면 건강은 물론 아이들과 코드를 맞춰나가려는 노력을 부단히 해야 한다. 지난 학교에서 평교사로 정년퇴직한 동 학년 선생님이 계셨는데 컴퓨터 다루기는 좀 어려워하셨지만 건강하고, 부지런하며, 항상 긍정적인 마음으로 일하셔서 존경스러웠다. 젊은 교사들이 생각 없이 하는 말에 상처도 받으셨을 텐데 항상 열심히 한다고 젊은 교사들을 칭찬해주었다. 나도 그런 인격과 덕을 쌓아야겠다는 생각이 들었다.

그러나 평범해 보이는 이 진로도 자세히 들여다보면 만만치 않다. 서울 시내 초등학교 선생님 중 80%인 여교사들은 대부분 결혼 후 출산이라는 과정을 거쳐 자신의 아이들을 키우며 학교생활을 하게 된다. 출산과 동시에 육아 문제로 발을 동동거리며, 가정과 학교일 사이에 균형을 맞추며 산다는 것은 결코 쉽지 않다. 그래서 요즘 젊은 교사들은 육아 휴직 기간이 길다.

또 결혼은 필수가 아닌 선택이라는 사회상을 반영하듯 학교에서도 결혼하지 않고 자신의 커리어를 쌓으며 자신이 가진 에너지와 열정을 반 아이들에게 모두 쏟아붓는 평교사들도 있다. 그래도 여교사들은 동료 평교사들이 많기 때문에 심리적으로 위안이 된다. 남교사들의 경우엔 또 다르다. 초등학교에서는 남교사들의 숫자가 적기 때문에 평교사로 살기가 더욱 힘들다. 요즘은 초등학교에서 어느 정도 나이가 있는 남교사가 평교사로 남아 있는 경우는 거의 없다. 대부분의 남교사들은 학교에 발령받자마자 학교장이 되는 로드맵에 따라 진로를 밟아나간다.

평교사로서의 진로도 나이 먹을수록 험난해진다. 50대 이후에는 자신보다 나이가 어린 교장, 교감과의 관계가 서먹하다. 빠릿빠릿한 젊은 교사들에게 눈치가 보이고, 학생들과 학부모가 늙은 자신을 싫어하지 않을지 걱정되기도 한다. 이런 문제 때문에 울며 겨자 먹기로 교육행정직으로 갈아타는 교사들도 꽤 있다. 나는 지금 평교사로서의 길을 가고 있고, 1년 동안 아이들이 성장하는 모습을 지켜보는 것이 뿌듯하다. 내 건강과 에너지가 허락하는 한 할 것이다. 콩알 만했던 어린 제자들이 어느덧 자라서 중학생이 되었다고, 고등학생이 되었다고, 대학생이 되었다고 소식을 전해오고, 감사의 인사를 전해올 때면 가슴이 뿌듯해진다.

평교사에서 교감, 교장이 되어 자신이 생각한 교육관을 좇아 교사와 학생들을 위해 일하는 삶도 있다. 하지만 이 길은 아무나 갈 수 없다. 80%인 여교사보다는 20%인 남교사가 훨씬 유리하다. 여교사들은 교사로서의 삶에 더해지는 무게가 2개 더 있다. 가정주부로서의 집안일과 아이들 양육, 교육을 남편보다 더 많이 책임지고 있기 때문이다. 특히 나처럼 회사에 다니는 남편을 두었다면 집안일과 아이들 양육에 남편의 도움을 많이 기대할 수 없다. 대한민국의 현실은 그렇다. 남편들은 아침 일찍 나가 밤늦게 들어온다. 학교에서 퇴근과 동시에 집으로 다시 출근한다는 여교사들의 말은 사실이다.

이런 환경에서도 교장의 길을 가는 여교사들도 꽤 있다. 집안일과 아이들 양육을 전적으로 책임지고 도와줄 친정 부모님이나 시부모님이 계시거나 남편이 교사인 경우다. 몇 년 전에 같은 학교에 근무했던 선생님은 이 길을 가고 있었는데, 친정 부모님께서 집안일과 아이는 자신들이 책임지고 돌봐줄 테니 학교장이 되는 길을 가라고 적극적인 지지를 보내주셨다. 이런 경우가 아니라면 자신의 아이를 돌봐야 하는 여교사들에게 이 길은 힘들다. 나는 이쪽 길을 가고 있지 않다. 자기 합리화 같기도 하지만 가지 않는 이유가 5가지쯤 된다.

첫째, 나에겐 학교일과 집안일, 집의 아이들 챙기기만으로도 벅차다. 하루 24시간을 잘 활용해서 그 길을 가고 있는 선생님들이 존경스러울 뿐이다. 나는 그런 슈퍼맘이 못 된다. 엄마가 집에 있다고 아이들이 모두 다 잘 되는 것은 아니지만 초등학교 때까지 만이라도 아이들과 저녁 시간을 함께 보내고 싶었다. 대학원 공부라도 하려면 일주일에 두 번의 저녁 시간을 내야 하는데 학교에서 일하고, 아이를 키우며, 강의를 듣고, 숙제까지 할 엄두가 안 났다.

둘째, 부장교사, 교감, 교장의 길이 험난해 보였다. 대학원 진학 점수, 연구 점수, 부장교사 경력 점수, 1등급 근무평가 점수와 교감 경력 등 교장의 길이 곁에서 지켜보기에도 만만찮아 보였다. 교무부장을 하며 3년 동안 교장으로부터 1등급 점수를 받으려면 교장에게 잘 보여야 한다. 특히 교장이 되기 위한 바로 아래 단계인 교감의 위치는 교사들과 교장의 사이에 끼여 무척 힘들다. 어떤 교감 선생님은 교감이 3D 업종인 것 같다며 신세한탄을 하신 적도 있다.

셋째, 교장은 교육자이기보다는 교육행정가에 가깝다. 교장이 되는 길을 걷고 있는 사람 중에는 나이 들면 아이들이 싫어할까봐 아이들에게 민폐를 끼치기 싫어서 이 길을 간다는 사람도 있다. 어쩌다 보니 점수가 차서 할 수 없이 교감이 된 사람도 있다. 교감이 되면서부터는 아이들을 상대하기보다는 교사들과 학부모들을 상대한다. 교육자에서 교육행정가로 업종이 전환된다. 특히 교감은 각종 행정업무 처리로 컴퓨터 앞에서 떠나기 힘들며, 요즘은 교사에 대한 민원전화와 골치 아픈 아이들의 훈육까지 교감의 업무가 되었다. 또한 교감은 교사들처럼 자신만의 공간인 교실이 없이 교무실에서 여러 사람과 함께 근무해야 하며 교사들이 쉬는 방학 동안에도 학교를 지키느라 온전히 다 쉬지 못한다. 그렇게 인고의 세월을 견뎌내면 자신의 교육철학과 비전을 교사들과 공유하고, 교사들이 열심히 교육하도록 학교 시설, 환경을 개선하며 사업을 기획하는 교육행정가인 교장이 될 수 있다.

넷째, 교감과 교장은 학교에서 외로워 보인다. 한때 교사의 인사권을 쥐고 있는 교장의 말이 법처럼 행해졌던 시절이 있었다. 하지만 요즘 교사들은 승진에 별로 관심이 없기 때문에 오히려 교감과 교장을 멀리하기도 한다. 친해봐야 일만 죽어라고 해야 될 수도 있기 때문이다. 교장에게 인정받으면 인정받는 만큼 일거리가 돌아온다. 옛날에 회식을 하면 교사들이 교감, 교장에게 가서 술을 따라 드렸다. 하지만 요즘은 시대가 변해서 회식을 하면 오히려 교장과 교감이 교사들에게 인사하러 다닌다. 회식 때 교장, 교감과 같이 앉지 않으려고 교사들끼리 치열한 눈치싸움을 벌이기도 한다. 세상이 참 많이 변했다.

몇 년 전에 같은 학교에 근무했던 교감 선생님은 교장으로 승진한 후 몇 년 만에 명예퇴직을 하셨다. 교장이 되어 교장실에 앉아 있는데 찾아오는 사람도 없고, 교사들은 어려워서 피하기만 하고 재미가 없으셔서 그만두었다는 이야기를 건너건너 들었다. 지난 학교에서 같은 학교에 근무했던 교장 선생님도 교감을 8년이나 하며 인고의 세월을 견뎌냈는데 첫 학교에서 50대 중반에 명예퇴직으로 그만두셨다. 100세 인생 더 늙기 전에 인생의 이모작을 시작해야겠다고 하며 고향으로 내려가셨다. 자신만의 뚜렷한 교육철학과 소신 없이 남들이 좋다기에 밀려 밀려 위로 올라갔는데, 정작 도착해보니 아무것도 없다는 것에 회의가 들었는지도 모르겠다.

다섯째, 존경받는 교감과 교장이 드물다. 지금까지 20년 동안 다섯 학교를 다니면서 교사들에게 욕을 먹거나 존경받는 교감, 교장을 보았다. 드물긴 하지만 존경받는 교감과 교장의 모습은 교사 위에서 군림하지 않고, 따뜻한 말로 공감하며, 교사와 소통하려 한다. 교사를 존중하고, 믿고 맡기며 일이 끝난 후 수고했다고 격려해준다. 아이들에 대한 사랑이 있으며, 교육의 본질에 집중할 수 있도록 교사들의 교육활동을 적극 지원한다. 예산 관리도 깔끔하고 투명하다. 그런 관리자라면 교사들도 믿고 따른다.

교사를 돕는 교사가 되는 길

평교사의 길을 가되 어떤 한 분야에 전문성을 가지고 계속 연구하여 다른 교사들에게 배움을 나누는 길이다. 수석교사가 되어 교사들에게 도움을 주는 경우도 이에 해당한다. 교사들이 애용하는 '인디스쿨'에는 수많은 선생님들의 자료와 노하우가 쌓여 있다. 교사이면서 화가, 만화가, 작가, 밴드, 합창 지도, 독서 지도, 토론 지도, 협동학습, 거꾸로 수업, 체육 수업, 하브루타 교육, 진로교육, 프로젝트 학습 등 자신이 관심 있는 부분을 연구해서 쌓인 노하우를 같은 교사들에게 나눠주는 교사들도 이에 해당한다. 이런 분들 덕분에 교사들이 새로운 수업기술을 배울 수 있고, 자신의 능력을 계속 업그레이드할 수 있다.

교사의 빛깔이 다양할수록 아이들에게 좋은 영향을 끼칠 수 있다. 다른 꿈을 꾸었는데 교사가 된 사람들도 꽤 있다. 자신이 꾸었던 다른 꿈들을 계속 병행해서 취미로 이어간다면 자신에게도 아이들에게도 긍정적인 영향력이 생길 것이다. 교사들의 재능도 다양할수록 좋다. 피아노 치며 노래하는 선생님, 그림 그리는 화가 선생님, 방송 댄스를 직접 가르쳐주는 선생님, 글쓰기의 참맛을 알려주는 작가 선생님, 체육 시간에 요가를 알려주는 선생님 등 다양한 재능을 가진 교사들이 자신의 재능을 꾸준히 연마해서 그 향기가 교실의 아이들에게도, 동료교사에게도 퍼질 수 있도록 계속 가꾸어나갔으면 좋겠다. 아이들의 빛깔만 찾아줄 것이 아니라 평교사인 자신도 자신만의 빛깔을 찾아나가야 한다.

《나는 대한민국의 행복한 교사다》라는 책을 쓴 이영미 선생님한테서 용기를 얻었다. 10년이든 20년이든 한 가지 일을 하게 되면 전문성과 노하우가 쌓이는데 그것을 나눌 줄 알아야 한다는 내용이었다. 그 나눔을 위해 지금 나는 책을 쓰고 있다. 나로 인해 누군가의 가슴에 교육의 불을 지필 수 있다면 커다란 행복이다. 그 불씨가 옆 사람에게 계속 전해질 수 있다면 대한민국 교육의 미래가 밝아지지 않을까? 교사도 자신에 대한 진로교육이 필요하다. 이 책을 읽고 있는 당신은 어떤 교사를 꿈꾸고 있는가?

09.
중3, 초6 아이를 둔 선배교사의
좌충우돌 스토리

　대한민국의 중 · 고등학생 10명 중에서 7~8명이 학원에 다닌다는 통계가 있는데, 만약 아이에게 학원을 끊자고 하면 어떤 반응을 보일까?

　첫째 아이가 어느덧 자라서 중3이 되었다. 초등학교 때는 방과후 영어 학원을 다니고 문제집을 사서 스스로 공부하고, 자신의 관심 분야와 관련된 방과후 교육을 수강했다. 중학교에 들어가면서 1학년 때는 수학은 인터넷 강의로 듣고, 집 근처의 영어 학원에 다녔다. 중학교 2학년 때부터 3학년 1학기까지는 영어와 수학 학원을 다녔다. 초등학교 때와 달리 중학교 때 학원을 보낸 이유는 중학교 수학과 영어는 엄마가 봐도 뭐가 뭔지 잘 모르겠고 불안했기 때문이다. 주변의 중학생들 대부분이 학원에 다니고 있었기 때문이기도 하다. 성적은 꽤 괜찮은 편이었다. 학교에서 하라는 대로, 학원에서 하라는 대로 묵묵히 하는 성실한 아이였다.

문제는 아이가 입이 엄청 무거워져서 자신의 생각을 제대로 표현하지 못하고 있다는 데 있었다. 타고난 성격도 있겠지만 대한민국 주입식 교육의 결과이기도 하다. 아이는 학교에서도 학원에서도 과묵하니 선생님들을 성가시게 하지 않는 아이였다.

그러나 우리 아이를 이렇게만 키워서는 안 되겠다는 생각이 들었다. 누군가의 안내와 시스템대로 생각 없이 쫓아가기만 해서는 대학을 나와도 아이가 방황할 것 같았다. 어차피 자기 인생은 스스로 개척해야 한다. 남들은 중3 때 고등학교 과정 선행을 많이 해놓아야 한다고 했지만, 나는 오히려 지금이 아니면 다시는 이런 기회가 오지 않을 수도 있다고 판단했다. 우리 아이에게 지금 필요한 공부는 생각하고 말하는 공부였다.

그래서 우리 부부는 아이를 앞혀놓고 우리 부모의 생각을 이야기했다. 학교와 학원을 오가며 열심히 공부하는 것도 좋지만 생각이 있는 사람으로 자랐으면 좋겠다는 이야기, 네가 학교와 학원을 오가느라 너무 바쁘게 살아서 딴 생각을 전혀 할 틈이 없다는 이야기, 잠깐만이라고 학원을 끊어보자는 이야기, 중학교 내신 공부를 스스로 해보자는 이야기, 그 대신 남는 시간에 관심 있는 책을 읽고 생각을 기록하고 그 생각에 대하여 우리 부모와 이야기를 나누어보자는 이야기 등이었다.

아이는 당황스러워했다. 아이에게는 이미 학원이 학교와 같이 매일 매일 가는 곳이고, 친구들을 만나고 정보를 주고받는 장소인데 그런 학원을 끊자고 하니 두려울 만했다. 아이는 자신에게 이어진 하나의 끈이 끊어져나가는 느낌이라고 말했다. 사실 우리 부부에게도 쉽지 않은 결정이었다. 부모에게 학원은 참 고마운 곳이다. 매달 학원비만 입금하면 아이들 공부를 알아서 시켜주고, 숙제도 많이 내주어서, 집에 와서 아이가 숙제를 하느라 꼬박 책상에 앉아 있게 했기 때문이다. 시험기간 주말에는 불러서 자습도 하게 해주었고, 아이가 학원에 가 있는 시간은 부모가 아이에게 잔소리할 필요도 없고, 부모만의 시간을 마음 편히 가질 수 있다. 아이가 열심히 학원에서 공부하는 모습을 상상하며 말이다.

이런 아이가 당장 집으로 들어온다면 부모도 시간을 내어 아이를 안내해주는 사람이 되어야 하기 때문에 불편한 것이 사실이다. 특히 나는 엄청난 부담이었다. 지금도 학교일로 집안일로 바빠서 끙끙대는데 아이 공부 방법을 바꾸어 생각하는 아이로 이끌어보겠다는 것은 큰 도전이고 실험이었다. 그래도 고등학교 때보다는 나을 것 같았다. 특히나 우리 아이는 인내심이 많고 과묵한 대신에 자기 생각을 표현하는 능력이 부족한 아이가 아닌가. 더 늦기 전에 특단의 조치가 필요했다. 중학교 3학년 2학기, 딱 3개월만 그렇게 해보자고 제안했다.

그러나 습관의 힘이 참 무섭다는 것을 다시 느끼게 되었다. 아이는 어느새 학원을 선택이 아닌 필수로 받아들이고 있었다. 친구들도 거의 다 다니고 있었다. 지금 이대로라면 아이는 고등학교 때까지도 학원을 쭉 다닐 것이다. 2년이라는 세월을 거쳐 아이의 삶에는 학원이 한 몸처럼 들어와 앉아 있었다. 불안한 마음 때문에 고등학교, 대학교에 가서도 학원을 찾아 헤맬 게 분명했다.

부족하면 부족한 대로 힘이 들면 좀 드는 대로 학교 내신 결과는 덜 좋을 수 있겠지만 스스로 공부하고, 시간을 내어 책을 읽고 부모와 대화를 나누며 세상에 관심을 가져보자고 했다. 마침 아이가 가고자 하는 고등학교도 그런 아이를 원하니 함께 노력해보자는 말로 설득했고, 아이는 수긍했다. 나는 고등학교에 대해 안내만 해주고 선택은 아이가 하게 했다. 아이가 가고 싶어 한 고등학교는 학생부 성적과 면접만으로 학생을 선발하니 입시 준비하는 과정이 과묵한 우리 아이에게는 밑져야 본전이라는 생각이 들었다.

그래서 아이는 3학년 2학기 때 다니던 수학, 영어 학원을 끊게 되었고, 학원은 나중에 필요할 때 이용하기로 했다. 아이가 학원을 끊게 되니 부모로서 좋은 점도 있었다. 아이가 학원에 가는 시간에 맞추기 위해 학교 퇴근시간이 되자마자 총알처럼 집으로 달려가지 않아도 되었다. 저녁을 두 번 차리지 않고 첫째 아이, 둘째 아이, 나 셋이서 오붓하고 여유 있게 식사할 수 있었다. 아이와 대화할 시간이 늘어나니 아이의 속마음을 좀 더 잘 이해할 수 있게 되었다.

아이는 학원 갈 시간에 책을 읽고 책을 읽은 소감에 대해 정리하고, 그 책 내용에 대해 나와 이야기를 나누었다. 그렇게 3개월의 저녁을 아이와 함께 보냈다. 조금씩 아이의 생각이 자라는 소리가 들렸다. 굳게 다물고 있던 아이의 말문도 터졌다. 3개월 동안의 영어, 수학 학원비를 아이 통장에 입금시켜 주었다. 아이는 그 돈을 모아서 자신이 사고 싶은 노트북을 살 수도 있고, 대학생이 되어 해외여행을 가면 세상 구경을 하고 올 수도 있을 것이다. 중간, 기말 고사 준비도 스스로 했다. 의외로 성적이 학원 다닐 때와 별반 다르지 않았다. 비록 아이는 자신이 원했던 학교에 합격하지 못하고 다른 학교에 입학했지만 아이와 나의 실험은 큰 의미가 있었다. 아이가 학원 시스템 없이 스스로 공부할 수 있다는 자신감을 얻었고, 학원에서의 선행과 문제풀이 공부에서 벗어나 책을 읽고, 부모와 대화를 나눈 경험은 평생의 자산이 될 것이다.

초등학교 6학년인 둘째 아이와 나는 그동안 관계가 좋지 못했다. 둘째 아이는 항상 내가 공부 잘하는 형과 자기를 비교한다고 느끼고 있었기 때문이다. 그동안 아이는 엄마를 지시하고 명령하는 '잔소리쟁이'로 인식하고 있었다. 아이를 있는 그대로 인정해주기까지 먼 길을 돌아왔다. 같은 뱃속에서 나왔으니 같은 방법으로 교육하면 되겠다는 것은 내 착각이었다. 지금 우리 둘째 아이는 집안일 아르바이트에 바쁘다. 자기가 좋아하는 애니메이션 피규어를 모으는 취미활동을 위해서다. 집안일 한 품목당 500원짜리 아르바이트로 돈을 모아야 하기 때문에 둘째 아이에게 방학은 아르바이트에 집중할 수 있는 절호의 찬스다.

"엄마, 학원 다녀와서 제가 빨래 돌릴 테니 세탁기 돌리지 마세요."

"엄마, 오늘 집안일 할 것 없어요?"

"엄마, 오늘은 책 좀 1시간 더 읽을게요."

천지가 개벽할 놀라운 변화를 보고 있다. 그냥 아이를 있는 그대로 존중해주고, 아이가 가진 취미를 인정해주고, "잘한다, 잘한다, 잘한다" 하며 아이 엉덩이를 몇 번 두들겨준 것뿐인데 말이다. 아들 둘과 나는 이렇게 지지고 볶으며, 이리 비틀 저리 비틀 거리기도 하지만 날마다 성장 중이다.

10.
교사 사명 선언문을 낭독합니다

이런저런 실수도 있었지만 전체적으로 보면 나는 유능한 편이었다. 카리스마와 리더십이 있었으며, 목표달성을 위해 기획을 잘하고, 열심히 매진하는 교사였다. 하지만 따뜻하고 친절한 교사였냐고 묻는다면 자신이 없다. 바쁘다는 핑계로 효율성을 우선으로 두고 살아왔기 때문이다. 다수결의 의견을 따르기를 강요했으며 소수의 의견을 그리 존중해주지 못했다. 성실하고 열성적인 교사였지만 아이들에게 뭐니 뭐니 해도 공부가 제일이라며 열심히 공부하기를 강요한 교사였다. 요즘은 성적 최상위권의 학생들이 교대에 진학을 하고 그런 똑똑한 학생들이 교사가 된다. 문제는 공부를 잘했던 교사들은 공부를 잘하지 못하는 아이들을 이해하기 힘들다는 것이다. 그러면서 교사 자신처럼 공부를 열심히 하길 바란다. 나 또한 그랬으니까.

하지만 공부에 그다지 큰 흥미가 없는 둘째 아이를 키우면서 생각이 바뀌었다. 물론 지적으로 훌륭하고 유능한 교사면 좋겠지만, 그 이전에 아이들에 대한 따듯한 사랑과 이해심이 먼저라는 생각이 들었다. 교사에게도 경청과 공감 능력은 아주 중요한 자질 중 하나다. 나는 아이들의 마음을 어루만져주기보다는 시간 없다는 핑계로 외면하고 모른척했는지도 모른다.

수업 시간에 집중하지 않고 떠들거나 적극적으로 참여하지 않으면 속에서 화가 부글부글 끓었고, 그 아이들을 큰소리로 혼내고는 후회하기도 했다. 조용히 불러서 조곤조곤 설명해주어도 되는데, 불같이 화를 내기도 했다. 인격수양이 덜 되었다. 교사는 아이들을 가르치면서 인격수양을 해야 한다. 후배교사들은 반드시 '감정코칭'을 배우고 왔으면 좋겠다.

그래도 교사로서 위안을 삼는 것이 있다면 수업에 있어서 아이들의 활발한 참여를 유도하고, 토의·토론을 할 수 있는 기회를 많이 주었다는 점이다. 아이들은 대체로 내 수업이 재미있다는 평가를 해주었다. 나 혼자 일방적으로 하는 강의식 수업은 나조차도 재미가 없다. 그 많은 잘못에도 불구하고 괜찮은 점이 있어서 다행이다.

학교 현장에서 페스탈로치처럼 정말 열심히 하는 선생님들도 많이 만났다. 가정환경이 열악하고 공부가 부족한 아이를 남겨서 아무 보상 없이 자신의 시간을 할애하는 선생님도 만났고, 결혼도 하지 않은 채 자신의 모든 시간과 열정을 아이들에게 쏟는 선생님도 만났다. 그런 선생님들을 뵐 때는 부끄러운 마음이다. 하지만 아이들의 개성이 모두 다르듯 선생님들의 교육 방식에도 모두 개성이 있음을 느낀다. 자기만의 개성을 무시하고 그런 훌륭한 선생님들을 무작정 따라하는 게 능사는 아니다. 누구나 그 교사만의 고유한 강점이 있기 때문이다.

그럼에도 불구하고 다양한 개성을 가진 모든 교사가 공통적으로 놓치지 말아야 하는 것은 아이들에 대한 따뜻한 사랑과 이해심일 것이다. 특히 어려운 가정 환경 속에서도 꿋꿋이 학교에 나오는 아이들에 대한 이해심과 이해가 느린 아이들도 기다려줄 수 있는 마음의 여유가 필요하다. 아이가 저지른 실수나 잘못에 대해 "괜찮아. 그럴 수도 있어. 다시 한 번 해보자."라고 다독일 수 있어야 한다. 나도 학교 다닐 때 선생님의 말씀이나 행동이 상처가 되어 남은 것들이 있다. 그래서 교사는 정말 대단한 일을 하는 사람이며 중요한 사람이다. 아이들에게 상처를 주지 않기 위해서 교사는 스스로 인격수양과 감정코칭 능력을 기르지 않으면 안 된다. 아이에게 의도하지 않게 상처를 줄 수 있기 때문이다.

나도 내 인격을 갈고닦는 방법으로 나는 얼마 전부터 일기쓰기를 선택했다. 오늘 학교에서 골치 아픈 일이 있었거나, 수업이 마음먹은 것처럼 잘 안 되었거나, 미운 행동을 하는 아이가 있으면 일기를 쓴다. 일기를 쓰면 위로가 되고 화났던 마음이 많이 가라앉기도 한다. 내 행동을 돌이켜보게 되어 좀 더 객관적으로 나를 들여다볼 수 있게도 해준다.

히포크라테스 선서에는 의술인이 갖추어야 할 덕목과 의술을 어떻게 사용하는지에 대한 직업적인 소명의식이 담겨 있다. 히포크라테스 선서를 하면서 의사의 삶이 시작되듯이 교사도 교사의 삶을 시작하기 전에 교사 사명 선언문을 낭독하고 시작해야 한다는 생각이다. 교사도 의사처럼 어쩌면 의사보다 더 위대한 일을 하고 있기 때문이다. 20년이 지나서야 이 중요한 사실을 깨달았다. 내가 세운 교사 사명문은 다음과 같다.

나는 아이들 하나하나를 존중하겠다

가만히 있어도 반짝반짝 빛나는 아이들에게 시선이 먼저 가는 것은 사실이나 모든 아이들에게 사랑과 애정을 골고루 나누어주도록 노력하겠다. 특히 가정환경이 어렵거나 소위 '문제아'라고 포기한 아이들에게는 더 많은 관심과 사랑이 필요하다. 아이들과 생활하다 보면 화나는 일도 있고, 속상한 일도 생길 것이다. 그럴 때마다 소리 지르고 화내기보다 내 감정을 먼저 다스리고 "그럴 수도 있어. 하지만 다음부터는 그렇게 하지 말아주었으면 좋겠어."라고 조용히 타이르는 것이다. 아이들 하나하나를 내가 먼저 존중하겠다.

나는 공부를 강요하기 전에 사람이 되는 인성교육에 초점을 맞추겠다

그동안 구석으로 밀려났던 인성교육을 찾아와야 한다. 또한 아이들에게 쓸데없는 경쟁을 시키지 않고 나눔과 협력을 실천하도록 분위기를 이끌어나가겠다. 학교가 안전한 곳이 되려면 학급의 분위기가 평화로워야 한다. 학급의 평화는 인성교육에서 출발한다.

나는 아이들의 재능과 적성을 찾아주려고 노력하고, 격려하겠다

아이들을 공부라는 잣대로 줄 세우기보다는 아이들이 갖고 있는 재능과 적성을 찾아내어 먼저 인정해주겠다. 인정받아본 아이는 자존감을 가지고 스스로 삶을 헤쳐나가는 강력한 성장 동기를 갖게 될 것이다. 공부를 강요하기보다는 그 아이의 재능을 찾아주고 격려해주는 것이 우선이다.

나는 아이들이 친구들과 어울려 놀 수 있는 시간을 허락하겠다

아이들은 공부하는 기계가 아니라 놀면서 큰다는 사실을 그동안 잊고 있었다. 쉬는 시간만이라도 아이들이 긴장을 풀고 친구들과 서로 어울려 놀 수 있도록 하고, 다른 아이들과 함께할 수 있는 게임과 놀이에 시간을 투자하겠다. 교실은 쥐 죽은 듯이 조용해야만 한다는 틀을 깨겠다. 아이들은 살아있는 생물체다. 특히 교실과 학교는 아이들이 안전하게 '사회성'을 경험하고 배울 수 있는 장소가 되어야 한다. 아이들은 놀이를 통해 스트레스를 해소한다. 우리 반 아이 중에 공부는 잘하는데 친구들과 어울리지 못해 부모와 내가 걱정하고 애태우는 아이가 있었는데, 쉬는 시간에 풍선놀이를 통해 또래 아이들과 자연스럽게 어울리고 있었다. 초등학교 아이들에게 놀이 시간, 쉬는 시간은 대단히 중요하다. 아이들은 놀면서 자란다.

나는 아이들이 지적 호기심을 가질 수 있도록 가르침에 열정 있는 교사가 되겠다

평생 동안 배움의 자세를 가지고 교사인 나 먼저 배움을 게을리하지 않겠다. 쓸데없는 배움이란 없다. 나의 배움이 아이들에게 좋은 영향을 끼칠 수 있도록 교사로서 최선을 다하겠다. 교사는 날마다 아이들에게 좋은 씨앗을 뿌려야 하는 위대한 사람이다. 그 씨앗을 뿌리는 과정에서 자라나는 어린 새싹들을 밟지 않도록, 아이들에게 상처주지 않기 위해 날마다 자신의 인격을 갈고닦으며 배움을 게을리하지 않겠다.

16년 차 부모가 젊은 부모에게
보내는 편지

얼마 전에 친한 후배가 예쁜 두 쌍둥이의 엄마가 되었습니다. 저도 16년 전에 첫 아이를 낳았던 기억을 떠올려봅니다. 열 달을 기다려 첫 아이를 본 저의 느낌은 생소함이었습니다. 뱃속의 아이가 너무 커서 어쩔 수 없이 제왕절개 수술을 하게 되었는데 마취에서 깨어나 보니 귀엽고 깜찍할 것이란 예상과는 달리 두꺼비 같은 아이가 옆에 있었습니다. 아이는 양수 속에서 퉁퉁 불었던 거죠.

두 아이를 어느 정도 키워놓았을 무렵 목 디스크로 인한 '경추 척수증' 진단을 받고 또 다시 병원 수술대 위에 누워서 마취를 기다리는 순간 이런저런 생각을 하게 되었습니다.

'내가 만약에 이대로 깨어나지 않는다면 어쩌지?', 불쌍한 우리 아이들은 어떻게 하지?' 아이들 걱정으로 불안한 마음에 휩싸이면서 저도 모르게 눈물이 주르르 흘렀습니다. 몸이 아픈 이후로 저는 이 세상에 태어나서 잘한 일은 무엇인가 가끔 떠올려봅니다.

첫째는 다정한 남편을 만나 '사랑'이란 따듯한 느낌을 알게 된 것이고,

둘째는 두 아이를 낳아 기른 것이며,

셋째는 교원 자격증을 따서 아이들을 가르치는 교사가 된 것이었습니다.

그러나 이 셋 중에 가장 힘이 많이 든 것은 두 아이를 낳아 기른 것입니다. 내 맘처럼 잘 안 되는 것이 자식교육이라 하지만 자식을 기른다는 것은 생각보다 많은 인내와 에너지와 희생이 따르는 일이었습니다. 동시에 미성숙한 나를 갈고닦는 과정이기도 했습니다. 아이 키우는 10년 동안은 내가 하고 싶은 것을 포기해야 하고, 부모의 삶의 질이 떨어지는 것이 사실입니다. 부모의 전적인 도움이 없으면 생명을 유지할 수 없는데, 부모로서 어떻게 해야 할지도 몰라 우왕좌왕 갈팡질팡했습니다.

아이를 키우면서 싱크대에서 밥을 서서 먹는 법을 알았고, 화장실에서 문을 닫지도 못 하고 일을 봐야 했으며, 따뜻한 욕조에 물을 담아 여유 있게 목욕 한 번 해보았으면, 나 혼자 하루 종일 텔레비전 한 번 실컷 봤으면 하는 순간들도 있었습니다. 밥 먹을 때도 아이가 안아달라고 징징거려서 아기띠로 아이를 안고 서서 밥을 먹기도 했지요. 아마 젊은 부모 그대도 지금 그런 힘든 시기를 겪고 있을지 모릅니다.

이런 힘든 시기를 모두 똑같이 겪어서인지 모르는 사이라도 아줌마들은 금방 친해집니다. 비슷한 힘든 일을 겪어본 동지의식 때문이겠지

요. 그러나 아이가 초등학교를 졸업할 때쯤이면 부모의 삶의 질이 다시 올라오기 시작하고, 아이는 한 사람으로서 제 몫을 하기 시작합니다.

제가 아이를 키우며 후회스러운 점이 있다면 아이를 키울 때 아이 예쁜 줄도 모르고 의무감과 책임감만 있었다는 것입니다. 아이를 많이 안아주지 못한 점, 아이에게 웃는 얼굴보다는 찡그리고 화난 얼굴을 많이 보여준 점, 아이에게 칭찬보다는 재촉과 질책을 한 점, 아이의 공부에 지나치게 집착한 점입니다. 아이를 낳고 기르는 것을 축제처럼 즐기지 못하고 밀린 숙제를 해치우듯 한 것이 참 아쉽습니다. 그래서 저는 지금이라고 조금씩 여유를 가지고 아이를 바라보려고 노력합니다. 그렇다고 항상 잘하는 것은 아닙니다. 10에 9번 소리 지를 것을 6~7번으로 줄이려고 노력한다는 이야기지요.

쉬는 주말에 집에서 아이와 하루 종일 놀아 주는 건 또 얼마나 힘들던지요. 아이가 어릴 때는 주말만 되면 밖으로 나가 지칠 때까지 놀게 한 다음 아이가 곯아떨어지면 깰까봐 조심조심 집으로 옮겼던 기억이 납니다. 아이의 자는 시간이 곧 우리 부부의 쉬는 시간이었거든요. 공감하시죠?

그러나 제가 부모님 곁을 이렇게 쉽게 떠나왔듯이 내 아이 또한 부모인 나에게서 곧 떠나갈 손님임을 깨닫습니다. 곧 떠나갈 손님에게 너무 야박하게 굴었던 것을 후회합니다. 젊은 부모는 그런 후회를 덜 했으면 좋겠습니다. 손님이 좋은 기억을 더 많이 가져가게 했으면 좋겠습니다. 아이가 어릴 때는 아이와 공원으로 많이 놀러가서 흙도 밟고, 자연을 많이 접하게 해주세요. 동물원도 좋지요. 아이와 함께 즐거운 추억을 많이 만드세요. 놀이터도 자주 나가고요. 비가 오면 비도 같이 맞아보고요. 아이는 어린 시절에 부모와 함께한 추억을 성인이 되어서도 기억한답니다.

어느 순간 아이가 하나둘씩 할 수 있는 것이 늘어나면서 기쁨과 환호도 잠시 아이 양육이 끝남과 동시에 바로 교육으로 넘어가면서 또 얼마나 아이와 피 말리는 싸움을 했는지요. 지금 생각하니 참 어리석었다는 생각이에요. 싸운다고 아이가 공부를 잘하게 되는 것도 아니고, 오히려 아이와 관계만 나빠지더라고요. 살살 구슬리기도 하고 좀 더 여유를 가지면서 아이가 잘하는 재능을 찾아 칭찬해주고, 자존감을 갖게 해주는 게 먼저라는 걸 나중에야 깨달았어요. 둘째 아이가 초등학교 졸업할 때가 된 이제야 깨달았답니다.

아이가 1학년이면 학부모도 1학년 수준이라는 말이 있습니다. 경험의 질을 넘을 수 없는 것이지요. 아이를 먼저 키워본 선배 엄마로서의 조언은 초등학교 아이들 공부에 너무 일희일비하지 않아도 된다는 것입니다. 90점이나 100점이나 사실 거기서 거기예요. 공부 점수로 아이를 잡지 마세요. 아이와 관계만 나빠집니다. 문제풀이보다는 부모님과 함께 독서하는 1시간을 만들어주세요. 부모님도 같이 하면 더욱 좋고요. 생각보다 쉽지는 않을 거예요. 하지만 꾸준히 하다 보면 나중에는 습관적으로 책을 읽게 될 거예요. 직접 경험하는 것이 가장 좋지만, 차선책으로 책은 좋은 생각의 재료가 되더라고요. 재료가 없으면 생각하기가 힘들어요. 그래도 아이 공부가 불안하다면 수학 공부는 조금만 하게 하세요. 아이가 수학 문제 풀기를 좋아하지 않는다면 너무 강요하지 말고 기다려주세요. 창의적인 우뇌가 강한 아이일 수 있어요. 아이가 싫어하지 않는다면 하루 1장씩 쉬운 문제 풀기로 성취감을 느끼게 하고, 수학에 흥미와 자신감을 갖게 해주는 게 먼저인 것 같아요. 영어는 초등학교에 들어가 방과후 학교에서 활용영어 위주로 꾸준히 배우게 하는 게 좋은 것 같아요. 너무 일찍 아이에게 영어 공부를 강요하면 큰 스트레스를 받을 수 있어요. 문법 영어보다는 듣기와 말하기 영어를 먼저 접하게 하세요.

중·고등학교에 가면 어쩔 수 없이 차고 넘치게 하는 게 수학과 영어 공부예요. 초등학교 때는 차라리 아이가 원하는 것을 배우게 해주세요. 아이에게 쉴 틈을 허락하시고, 취미생활도 적극적으로 장려해주세요. 아이의 취미생활은 부모와 소통의 창구가 될 수 있고, 아이의 재능도 더욱 쉽게 찾을 수 있어요. 아이가 어느 부분에 재능이 있는지 이런저런 경험을 하게 해주시고 관찰하세요. 아이가 공부하기를 싫어하면 공부하라고 닦달하며 싸우기보다는 아이가 좋아하는 것을 하게 해주면서 조금 돌아가는 지혜도 필요하답니다. 이런 과정을 통해 자존감이 높아진 아이는 나중에 자기에게 필요한 공부를 해야겠다는 마음을 먹기도 해요. 그리고 항상 친구들과의 관계가 어떤지 관심을 갖고 살펴봐주세요. 아이에게는 자신과 정서적으로 교감할 친구가 필요해요. 단 한 명이라도 마음 맞는 친구가 있다면 학교생활이 외롭지 않을 거예요.

사실 아이를 키우면서 이런저런 불안에 휩싸일 거예요. 불안하면 지푸라기라도 잡는 심정으로 사교육에 의존하고 싶어질 거고요. 그 의존증은 생각보다 심해서 나중에 사교육을 끊으려면 아이도 부모도 금단

증상에 시달려요. 사교육의 장점은 공부하기 좋은 시스템인데, 그 시스템에 길들여지면 스스로 알아서 하는 공부가 아니라 수동적인 공부를 하게 돼요. 사교육의 장점이자 단점이에요. 우리 첫째 아이가 중학교 때 시작했던 사교육을 잠시 끊었을 때 아이와 제가 그랬거든요. 어디로 갈지도 모르겠고 세상에 홀로 서 있는 막막한 느낌이랄까요? 그래서 인생철학, 교육철학을 먼저 세우셔야 옆집 엄마의 교육정보와 사교육 불안에서 벗어날 수 있어요. 사교육은 필요할 때 이용할 수 있는 대상이어야지 의존의 대상이 되면 안 돼요. 사교육은 부모의 불안감을 해소해줄지는 몰라도 아이의 미래를 책임져주지는 않는답니다.

사실 아이에 대한 교육철학은 하루아침에 뚝딱 세워지는 것이 아닌 것 같아요. 경험과 시간이 좀 필요해요. 부모교육과 관련된 좋은 강의도 들으시고, 부모교육 책도 많이 읽으세요. 특히 유대인 교육법에 대한 책을 추천해드려요. 관심을 갖고 들여다보면 보이고 들리는 것들이 조금씩 생길 거예요. 그런 것들이 쌓여서 자기만의 교육철학이 되지요. 절대로 부모의 무리한 욕심으로 아이와의 관계를 망치지 마세요. 공부는 조금 못해도 아이가 인성만 바르다면 어떻게든 잘 살아간답니다. 차라리 아이에게 좋은 품성을 길러주세요. 아이가 좋은 품성을 갖길 원한다면 부모부터 좋은 품성을 갖도록 노력하세요. 요즘엔 품성과 역량을 함께 키워야 사회에 나가 위험한 인물이 되지 않는다고 해요. 아이가 어제보다 오늘 조금만 잘해도 칭찬과 격려, 응원과 지지의 말을 해주세요. 아이는 삼시 세끼의 밥으로 몸이 성장하고, 부모가 해주는 긍정의 말로 마음이 자란답니다.

부디 저처럼 멀리 온 다음에 후회하지 마시고, 좀 더 일찍 지혜로운 부모가 되세요. 날마다 건강하고 화목하며 웃음꽃 피는 가족을 이루시길 기원합니다.

16년 차 선배 엄마 드림

교육철학,
100년 교육을 고민하다

　대한민국의 부모들은 불안하다. 빠른 미래 사회의 변화로 초불확실성의 시대가 두렵고, 입시제도도 당최 헷갈린다. 수능 비중이 줄고, 수시인 학생부종합전형이 대세라는데 아이들 입시 전략을 어떻게 짜서 안내해야 할지 도무지 모르겠다. 그래서 사교육에 어쩔 수 없이 기댄다. 그러나 사교육은 정답이 아니다. 사교육은 절대로 아이 교육을 책임지지 않는다. 결과가 좋지 않으면 아이의 노력 부족과 환경 탓을 할 뿐이다. 그럼에도 불구하고 부모는 아이를 무한경쟁 교육의 좁은 골목길로 자꾸자꾸 밀어 넣는다. 그 좁은 골목길에서 아이가 살아남아 명문대에 진학하기를 기대하며 말이다.

　미래 사회도 부모가 살았던 시대처럼 명문대에 입학하는 것으로 모든 것이 보장된다면 그렇게 하는 게 맞을 수도 있다. 그러나 지금은 저

성장의 시대여서 일자리가 부족하고, 70% 이상이 대학 졸업장을 가지고 있는 만큼 명문대 졸업장도 이전처럼 큰 의미가 되진 못한다. 지금도 그런데 미래는 더할 것이다.

이 책은 20년 동안 변화해온 사회를 감지하지 못하고 그동안 배워온 대로, 마냥 하던 대로, 지식 위주의 죽어 있는 암기식 교육을 해온 내 반성문과도 같은 책이다. 16년 동안 부모였으며, 20년 동안 교육자였지만 부끄럽게도 교육철학도 없었고, 소신도 없었다. 과거 내 교육의 목표는 단 하나, 열심히 공부시켜 명문대 보내기였다. 사회는 변했는데 내가 살아온 방식대로 살아가며, 내가 살아온 방식대로 아이들에게 똑같이 살라고 강요하고 있었다. 아이를 무한경쟁의 세계로 내몰면서 아이는 아이대로 힘들고, 나 역시 부모로서 교사로서 행복하지 않았다.

나보다 먼저 입시를 치른 여러 지인들의 이야기, 그리고 아이를 키워 경제적 독립을 시킨 부모들의 이야기를 들어보고, 교육의 목적에 대한 책을 찾아 읽어나갔다. 이런저런 자료를 종합한 결과 아이들이 어느 정도 자란 지금 '아이를 자기 인생의 운전대에 직접 앉게 해야겠다'는 결론에 도달했다. 아직도 우리나라는 부모들이 대학 수강신청까지 대신해주며 아이 주변을 맴도는 헬리콥터 맘이나 아이가 겪어야 할 가시덤불을 미리 치워주는 잔디깎이 맘들이 많다. 초등학교 때까지는 부모의 보살핌과 케어가 필요하지만 중학교 때부터는 아이가 스스로 자기 인생을 살게 해야 한다. 그래야 아이에게 자율성도 생기고 독립심도 생긴다.

부모가 아이 짐을 머리에 이고 있으면, 아이는 절대 자기 짐을 등에 메려고 하지 않는다. 아이 짐을 아이에게 건네야 할 때가 바로 초등학교를 졸업하고 중학교에 입학하는 시기다. 중학교 이후부터는 부모가 아이에게 영향력을 많이 미치지 못한다. 그래서 부모에게 주어진 초등학교까지의 13년이라는 시기가 중요하다. 아이가 중학교에 들어가 스스로 자기 짐을 짊어지려면 아이에게도 힘이 필요한데, 그 힘을 길러주는 시기가 초등학교다. 부모로서 모범을 보여 아이에게 바른 인성을 길러주고 칭찬, 격려, 지지로 아이가 자존감을 갖게 해야 하며, 생각의 힘을 가지고 미래를 개척할 역량을 길러야 하는 시기다. 초등학교 때 이런 품성과 역량을 길러주지 않고 아이를 입시 위주의 사교육으로만 내몰면 아이는 혼자 설 힘도 없어서 평생 동안 부모가 아이 짐을 대신 짊어지고 보살펴야 할 것이다.

명문대 졸업장이 아무것도 보장해주지 않는 초불확실성의 시대라면 차라리 교육의 본질로 돌아가 아이가 살아갈 100년을 내다보며 인간으로서의 바른 품성을 길러주고, 스스로 삶을 선택하게 하며, 개척해나갈 수 있도록 자율성을 주고, 자신의 역량을 키워나가도록 돕는 것이 최선이라는 생각이다. 아이가 10년만 살 것처럼 100미터 경주하듯 전력질주를 하게 하지 말고, 아이가 100년을 살 것처럼 마라톤 경주하듯 천천히 여유를 갖고 뛰게 할 것이다. 그러면 아이와 부모 마음도 편안해져서 관계가 좋아지고 행복해질 것이다. 아이는 자신의 힘으로 자신의 인생을 개척해나갈 것이다. 100세 시대, 이제는 입시 위주의 20년짜리 단기 속성교육이 아닌 바른 품성과 역량을 길러주는 100년을 내다보는 교육

을 해야 한다. 특히 부모의 영향력이 미칠 수 있는 초등학교까지의 교육
은 더욱 그러해야 한다.

교육은 대통령, 교육부 장관, 교육감, 교장, 교감이 아닌 나 같은 평
교사와 부모들이 매우 중요하다. 아이들 교육의 최전선에서 일하고 있
는 우리 부모와 교사만이 우리 아이들을 변화시킬 수 있기 때문이다. 그
래서 나는 나와 같은 대한민국의 모든 부모와 교사들을 응원한다. 교육
정책 입안자들이 올바른 평가 방식과 교육 시스템을 만들어준다면 금
상첨화겠다.

세상에 빛을 보게 해주신 친정 부모님과 시부모님, 내 인격 수양의
제갈량 같은 스승이며 가족을 최우선으로 여기는 다정한 남편, 나의 뾰
족한 모서리를 갈고닦을 수 있도록 스승이 되어준 두 아들과, 함께 울
고 웃으며 같이 일했던 동 학년 선생님들, 나를 거쳐간 많은 제자들, 그
리고 기다림의 미학을 보여준 행복한미래 출판사의 홍종남 대표님께도
감사의 마음을 전한다.